Enfances – Erinnerungen in die Kindheit

Enfances – Erinnerungen in die Kindheit

Text von
Françoise Dolto
Aus dem Französischen
von Sylvia Koch

Photographien von
Alécio de Andrade

Quadriga

Während eines Treffens unter Freunden, bei dem man über die Vergangenheit eines jeden vom Hundertsten ins Tausendste kam, wurde auch Françoise Dolto von ihrer Tochter Catherine nach ihren Erinnerungen befragt. Dieses Gespräch findet sich auf den folgenden Seiten festgehalten und niedergeschrieben. Wir haben die Lebhaftigkeit der gefallenen Äußerungen bewußt beibehalten und darauf geachtet, daß auch die Neugierde eines Mädchens (Catherine) durchschimmert, das bereits andere Zeugen der Kindheit seiner Mutter befragt hatte. Diese Kindheit und diese Jugend werden hier also wiedergegeben, so, wie sie im Erzählen von Françoise Dolto wieder lebendig wurde.

Runde Augen

Es war einmal eine ganz kleine Françoise Marette...

Woran liegt es eigentlich, daß die Erwachsenen die Kinder nicht verstehen? Das ist etwas, was die Kinder sehr, sehr erstaunt: denn eigentlich glauben sie ja, daß die Erwachsenen alles wissen; doch eines Tages, wenn sie die Erwachsenen nach dem Tod fragen, stellen sie fest, daß diese entweder Angst haben, über den Tod zu sprechen, oder – sollten sie ihnen die Wahrheit sagen – nichts vom Tod wissen. Spätestens an jenem Tag spüren die Kinder dann, daß die Erwachsenen sie nicht absichtlich nicht verstehen. Die Kinder erfahren an jenem Tag, daß es eigentlich ganz spannend ist, zu leben, da niemand versteht, was das bedeutet. Deshalb wollen sie – je nachdem um welche Kinder es sich handelt – entweder vergessen, daß sie nicht verstehen, was es heißt, zu leben, und darum tun sie nur so, als ob sie all die kleinen Dinge des täglichen Lebens verstehen würden, damit sie sich dafür interessieren können und davor fliehen, so, wie es die Erwachsenen tun; oder sie bleiben in gewisser Weise Dichter und alles, was geheimnisvoll ist, zählt zu dem, wodurch sie leben: sie lieben das Geheimnisvolle, das, was man nicht berühren kann, das, was man nicht verstehen kann, und dieses für sie Unverständliche zieht sie an oder wird, wie ich glaube, eine Anziehungskraft auf sie ausüben.

Kannst Du Dich auch an solche Tage erinnern, als Du klein warst?

Aber sicher! Ich bin mindestens drei Tage lang schizoid gewesen; und ich kann mich genau an den Ort erinnern, an dem ich die Unwissenheit der Erwachsenen entdeckt habe. Es war neben der Fußgängerbrücke, die über die Schienen der

Stadtbahn hinüberführt, am Ende der rue du Ranelagh[1]. Wir gingen dort jeden Tag mit der Hauslehrerin spazieren, die uns zu Hause betreute und die mit mir diese Spaziergänge unternahm, seitdem ich vier Jahre alt war. Ich mußte also damals um die vier Jahre herum gewesen sein – zwischen vier und sechs Jahre – da ich noch nicht zur Schule ging. Diese Hauslehrerin hat mir Lesen und Zählen beigebracht, lange bevor ich einer Schulklasse angehörte. Gewissermaßen war ich also längst sechs geworden, als ich eingeschult wurde. Jedesmal wenn wir auf die Brücke gingen, hoffte ich – wie alle Kinder es tun – daß ein Zug darunter vorbeifahren würde. Und wenn der Zug vorbeifuhr, bekamen wir den ganzen Rauch ab, und natürlich mochte ich es sehr – im Gegensatz zu dem erwachsenen Menschen, der kein Verständnis dafür hatte, daß man es gern hatte, vom Rauch umfangen zu sein. Ebensowenig verstehen die Erwachsenen, daß es für Kinder lustig ist, absichtlich in Pfützen zu treten, um mit Wasser zu spritzen.

Besaß der Rauch so etwas wie eine magische Anziehungskraft?

Was den Rauch angeht, war es vor allem die Tatsache, daß die Welt um einen verschwand und man glaubte, man wäre im Himmel; das war eben das Wunderbare daran, daß man nichts mehr sah und plötzlich kam alles zurück und man hörte unter sich dieses laute Geräusch, das vorbeizieht und einem Angst einjagt, ohne daß man wirklich Angst hätte – oder doch ein bißchen. In jenem Augenblick also sagte ich mir beim Heruntergehen von der Brücke – man mußte ja auf einer Seite auf die Brücke steigen und auf der anderen Seite der Eisenbahnschienen die Brücke hinuntergehen –: »Sie wird mir endlich verraten, was es nach dem Tod gibt.« Es war immer in diesem Augenblick.

Als Du vom Himmel zurückkehrtest…

Als ich vom Himmel zurückkehrte, dachte ich, sie wird es mir endlich sagen müssen. Und dann vergaß ich es mehr oder weniger, weil ich herumspielte und nach meinem Reifen lief… Und eines Tages sagte ich mir: »Ich darf es nicht vergessen.« Denn sie war mir immer vorausgeeilt, um den Rauch nicht abzubekommen, ich blieb aber im Rauch stehen und ging dann hinunter, ich lief ihr entgegen. Beim Laufen hatte ich aber meine große Frage vergessen. Und wieder sagte ich mir eines Tages: »Ich darf meine große Frage nicht vergessen.« Und ich lief weiter: »Die Frage, die Frage, vergiß nicht, vergiß nicht, nach dem Tod, nach dem Tod, nach dem Tod…« Und sie befand sich hinter dem Tod. Es ist übrigens wirklich so: wenn wir hinter den Erwachsenen herlaufen, laufen wir im Grunde hinter uns selbst her,

1 Diese Brücke, die den Boulevard Beauséjour mit den Gärten von Ranelagh verbunden hatte, befand sich nicht weit vom Bahnhof »La Muette« Sie wurde vor einigen Jahren abgerissen und durch eine Unterführung ersetzt.
(Anm. d. Verf.)

wenn wir groß sein werden, d. h. tot in unserer Kindheit, wir laufen hinter unserem Tod her, alle, wir durchlaufen unser Leben. Ich bin dann angekommen und habe ihr gesagt: »Diesmal darf ich es nicht vergessen, langsam müssen Sie mir die Wahrheit darüber sagen, was es nach dem Tod gibt.« Sie schien verlegen zu sein, sie machte ein ernstes Gesicht und schwieg einen Augenblick lang. Und ich sagte nochmal: »Also diesmal will ich es wissen.« Und hüpfend klammerte ich mich an ihrem Arm fest, damit sie nicht... Ich kann mich sehr gut daran erinnern. Dann sagte sie mir: »Aber das weißt Du doch, Vava, das weißt Du ja: Der Körper wird begraben (sie hat wahrscheinlich gesagt: »man begräbt den Körper«) und die Seele steigt in den Himmel auf.« – »In den Himmel, in den Himmel, was ist denn das und wie ist es dort?« – »Also, man sagt, daß...« – »Sie wissen es also nicht?« Sie sagte mir: »Nein, ich weiß es nicht. Man glaubt nur daran, aber niemand weiß es.« Ich soll danach während des Spazierganges nichts mehr gesagt haben – wie sie mir später berichtete – und nach unserer Rückkehr nach Hause zum Fenster gegangen sein! Übrigens stellt das Fenster immerzu den Tod dar...

Warum denn den Tod, das Fenster?

Weil das Fenster (fenêtre) das erste *fait-naître*[1] bedeutet, das erste Erblicken des Lichtes; das geht mit dem Tod des Foetus einher, damit das Baby leben kann... Außerdem gibt es sogar im Französischen das Wort dafür: *fait-naître, feu-n'être, feu-naître*[2]. Es dreht sich auf jeden Fall um den Sinn von Sein oder von Nicht-Sein zu erhellen.

Ach so! Foetus-naître[3]...

Ja, es hängt sicherlich damit zusammen. Und ich kann mich sehr genau daran erinnern, daß ich neben dem Fenster hockte und nachdachte... »Mein Vater weiß es

1 Françoise Dolto gebraucht hier ein Wortspiel zwischen fenêtre – Fenster und fait-naître — zur Geburt kommen lassen
2 fait-naître — zur Geburt kommen lassen
feu-n'être — verstorben – nicht sein
feu-naître — verstorben – geboren werden
3 foetus-naître — Foetus – geboren werden

(Alle Anm. v. d. Übers.)

also nicht, ebensowenig weiß es meine Mutter, diese Leute auf der Straße wissen es auch nicht. Wie ist das denn möglich? Sie leben ganz gut und wissen es nicht. Wie ist das überhaupt möglich, daß man nicht weiß, was nachher kommt und trotzdem das, was davor ist, ganz gut ausleben kann?« Ich kam aus dem Staunen nicht heraus.

Das hat zwei Tage gedauert und dann war es vorbei. Ich habe mich dem Leben wieder zugewandt und war mir ein für allemal bewußt geworden, daß die Erwachsenen in der gleichen ... also in der völligen Unwissenheit über das, was am Wichtigsten ist, lebten... Das Wissen, bzw. das Wissen der Erwachsenen besaß eine Grenze... Ab diesem Zeitpunkt hatte sich in meiner Beziehung zu den Erwachsenen etwas geändert. Erwachsene waren also Leute, die in bezug auf das Wissen Grenzen hatten und niemand wußte also... Daraufhin zählte ich die Leute, die seit Adam und Eva gelebt haben könnten. Zuerst zählte ich die Zeit, die seit meiner Ur-Großmutter vergangen war, und von da ab zählte ich, im übrigen konnte ich noch gar nicht zählen und darum zählte ich, indem ich als Bezeichnung für die Leute Dinge einsetzte: wie viele Leute es von dem und dem Ding gab... Ich glaube, ich war damals sicherlich ein bißchen zwanghaft, sonst hätte ich nicht diese Leute-Dinge seit Adam gezählt, denn er, Adam, der mußte es ja wissen, da er der erste war. Ich sagte mir: »Er muß es aber wissen.« Und dann sagte ich mir eines Tages: »Aber Adam wußte gar nichts« und dann: »Es ist furchtbar, aber noch schlimmer ist es, wenn wir nicht sterben würden, weil wir dann nie wissen würden, was ›erstens‹ bedeutet«. Zum Glück hatte man uns die Geschichte von der Erbsünde erzählt. »Zum Glück haben sie gesündigt, denn was würden wir sonst auf der Erde tun, zusammengepfercht würden wir leben, wenn niemand sterben würde.« Eine schreckliche Vorstellung. Wir würden so zusammengepfercht leben, weil niemand gestorben wäre, hätten sie die Sünde nicht begangen. Dann würden wir mit allen Lebewesen auf der ganzen Welt, allen Tieren, den Löwen, den Elefanten leben müssen, niemand wäre gestorben, da die sogenannte Strafe Gottes ja darin bestand, daß alle einmal sterben müssen.« Und dann sagte ich mir auch: »Sie wußten wahrscheinlich nicht, was sterben bedeutet, da sie und die anderen Lebewesen es auch noch nie erfahren hatten.« Ich verstand auch nicht viel mehr...

Das Ganze hörte dann irgendwann auf; es ist eigentlich seltsam, aber das Ganze hörte deshalb auf, weil ich eine fürchterliche Angst davor hatte, vergessen zu werden und nicht zu sterben. Ich sagte mir: »Es ist aber furchtbar, wenn Leute vergessen werden und nicht sterben«, und wenn ich alte Leute sah, sagte ich mir: »Es ist furchtbar, sie sind vergessen worden und dann werden ihre Enkel und Urenkel sterben, keiner mehr wird wissen, wer sie sind und sie werden bleiben und in Vergessenheit geraten. Nie werden sie wissen, wie der Tod ist, da sie nie hingehen werden.«

War das auch im gleichen Alter?

Nein, es war später. In meiner Erinnerung ist die zeitliche Abfolge der Ereignisse etwas durcheinandergeraten – nun ja, ich dachte an den Körper der Toten, die begraben werden. »Es ist furchtbar, sie werden immer am gleichen Ort bleiben müssen, weil sie sich nicht mehr bewegen können.« Ich hatte im Grunde die Vorstellung, daß »leben« ein »sich bewegen« war, bis zu dem Tag, an dem man abreist, man weiß nicht wie, um zu entdecken, was es sein wird.

Was dann kam? Nun, ich weiß es nicht. Die Zeit verging. Ich lebte. Und dann wurde ich mit dem wirklichen Tod meines Onkels konfrontiert, den ich sehr geliebt habe. Es war mein ödipaler Onkel und auch mein Taufpate – er war der Bruder meiner Mutter – und ist im Krieg gefallen. Er ist zweimal verletzt gewesen, mit Kriegsauszeichnungen zurückgekehrt ... und wieder in den Krieg gezogen. Beim dritten Mal ist er gestorben. Wie Du siehst, ich hatte mich damals mit metaphysischen Fragen beschäftigt, wenn man das so nennen kann. Und dann ist der Krieg dazugekommen.

Meintest Du den Onkel, der Dich seine Verlobte nannte?

Ja. Ich betrachtete mich wirklich als seine Verlobte, nicht nur im Spiel.

Wie alt warst Du?

Ich war fünfeinhalb, als der Krieg begann und siebeneinhalb, als der Onkel Pierre gefallen ist. Damals habe ich wirklich erfahren, was menschliche Trauer bedeutet, der Tod hatte mit abstrakten Fragen nichts mehr zu tun. Das war etwas ganz anderes. Es ist eigentlich seltsam, daß es Fragen gibt, die man sich abstrakt stellt: Der Tod ist etwas Abstraktes. Solange man Leute nicht hat sterben sehen, hat man vielleicht nur Beerdigungen miterlebt, aber weiß nicht, was es bedeutet, wenn es sich um Leute handelt, die einem am Herzen liegen.

Ich kannte es aber bereits... Ich denke, die Frage mußte sich mir deshalb so stellen, weil mein Großvater, der Vater meiner Mutter, gestorben ist, als ich vier Jahre alt war. Aber ich kann mich nicht mehr daran erinnern. Ich kann mich zwar noch an ihn erinnern, als er noch lebte, z. B. in ihrem Garten, aber ich kann mich an den Augenblick seines Todes überhaupt nicht erinnern. Wohingegen ich mich an die Eisenbahnbrücke erinnern kann ... und diese Brücke ist sehr wichtig, denn es war zu der Zeit, als wir noch nicht umgezogen waren, es war also vor der Geburt von Philippe, der drei Monate vor dem Tod des Großvaters geboren wurde; es war also, bevor ich viereinhalb Jahre war. Diese ganzen Fragen habe ich mir wahrscheinlich in der Zeit zwischen nicht ganz vier Jahren und viereinviertel Jahren gestellt. Es war also – ich werde mir heute dessen bewußt – nach dem Tod meines Großvaters mütterlicherseits. Danach gingen wir nicht mehr so oft über die Eisenbahnbrücke, da wir woanders wohnten. Davor mußte man über diese Brücke gehen, wenn man spazierenging. Später gingen wir über die Brücke nur dann, wenn wir nach der Schule spazierengingen, die nicht sehr weit von der Brücke entfernt war: Wir gingen allerdings nur manchmal über die Brücke, denn gewöhnlich gingen wir nach der Schule direkt nach Hause. Die Frage nach dem Tod hatte sich sowieso viel früher gestellt, lange bevor ich zur Schule ging. Es war sogar lange bevor ich lesen gelernt hatte.

Warst Du traurig, nicht mehr über die Brücke gehen zu müssen?

Überhaupt nicht. Es war zwar ein richtiges Abenteuer, wenn wir darübergingen, aber wir hatten nicht mehr so oft die Gelegenheit, das Vorbeifahren eines Zuges mitzuerleben, wie früher, als wir täglich morgens und abends darübergingen. Wir gingen ja spazieren und mußten jeden Tag über diese Brücke zurückkommen, morgens und abends. Wir mußten an der frischen Luft sein und spazierengehen. Es war ein Ritual. Wir hatten so viermal täglich die Gelegenheit, über die Brücke zu gehen und es kam tatsächlich ziemlich oft vor, daß der Zug vorbeifuhr. Später dagegen hatten wir nicht sehr oft die Gelegenheit, einen Zug zu sehen, da wir ungefähr einmal alle zwei Monate über die Brücke gingen. Witzig, all diese Erinnerungen, all diese Wahrnehmungen, die einem in den Sinn kommen, während die Wahrnehmungen der jetzigen Realität verschwimmen; außerdem kommt man dadurch auf andere Gedanken. Es ist wie bei dem Rauch des Zuges.

Die Frage hatte ja auch einen Bezug zum Himmel, zur Milchstraße...

Zu den Sternen? Nein, mit diesem Himmel hatte es nichts, aber auch gar nichts zu tun. Ich habe nie versucht, den Himmel, in den man nach dem Tod kommt, mit dem Sternenhimmel in Beziehung zu setzen. Nie. Für mich ist der Himmel, in den man nach dem Tod kommt, so etwas wie die Wolken, oder etwas Ähnliches, wie der Rauch des Zuges, wenn man nichts mehr sieht; aber er ist nicht weit von der Erde entfernt, er befindet sich mitten unter den Leuten. Und irgendwie geht es weiter, das stimmt, ich sage es immer wieder: wir sind vielleicht von einer ganzen Reihe von Leuten umgeben, die unsichtbar sind, aber sich unter uns, auf unserer Ebene, befinden. Für mich persönlich ist der Himmel nicht sehr weit weg anzusiedeln, sondern eher im aktuellen Unsichtbaren, das uns sehr nahe und sehr geheimnisvoll ist. Der andere Himmel, der mit den Sternen, der hat nichts Geheimnisvolles an sich. Er ist zwar noch unerschlossen, aber das Wissen der Menschen kann dahinterkommen.

Ist es in Deiner Vorstellung dann so, daß man mit diesen unsichtbaren, aber uns nahen Leuten zusammenstößt?

Aber nein, natürlich nicht, weil die Formen verschwinden: man ist wie eine Wolke in den Wolken. Und da die Omis, die »Kinder-Fräulein« usw. weggehen und nicht bei einem bleiben wollen, ist man dann schließlich doch allein in der Wolke.

Aber das sind wirklich nur kleine Kindheitserinnerungen, Erinnerungen an Phantasmen, die letztlich keinen großen Wert haben. Ich habe sie nur erwähnt, weil wir davon sprachen, von den Kindern, den Erwachsenen und von den Fragen, über die sie sich nicht verstehen.

Und wie war es, als Deine Schwester starb?

Das ist etwas ganz anderes, ich war damals zwölf Jahre alt und hatte überhaupt keine Vorstellung vom Paradies. Nein, damals versuchte ich überhaupt nicht, mir igendwelche Vorstellungen zu machen. Es war der Verlust eines lebendigen Menschen im Unbekannten, von dem ich nichts wissen wollte.

Und was war mit Deinem Schutzengel?

Das war lange bevor ich zwölf Jahre alt war. Also, er lebte ganz bequem, mitten unter den Toten, den Unsichtbaren. Er war das Verbindungsglied zwischen der Wahrnehmungsebene, die mir vertraut war und der Welt der Leute, die keinen Körper mehr haben oder noch keinen besitzen. Denn ich dachte, daß es ungefähr gleich sein müßte, noch keinen Körper oder keinen Körper mehr zu haben. Diejenigen, die irgendwann geboren werden, sind die, auf die man wartet. Ich stellte mir in meiner Phantasie oft diejenigen vor, die geboren werden sollten, wo sie sich wohl befinden würden. Und wenn wir eine Mutter sahen, die ein Baby erwartete, sah ich den Zusammenhang nicht: ich sah zwar, daß sie schwanger war, daß sie also ein Baby erwartete, welches als Körper aus ihr herauskommen würde, aber ich konnte mir gar nicht vorstellen, daß es sich bereits bei ihr befand. Ich dachte, es wäre mit den Toten und den zukünftigen Lebendigen, es wäre schon da, unsichtbar, aber es befände sich nicht in ihrem Körper, im Körper dieser Frau. Ich glaube, ich dachte, daß so etwas wie seine Seele irgendwie in seinen Körper bei der Geburt hineinkommen würde ... diese Vorstellung war aber sehr verschwommen.

Was mit meinem Schutzengel war? Wenn ich schlafen ging, legte ich mich nur auf die eine Hälfte des Bettes, um meinem Schutzengel Platz zu lassen, damit er neben mir schlief, und ich ging in meinen Gedanken den Tag durch, der wie immer katastrophal verlaufen war, weil ich angeblich viele Dummheiten machte, aber ich wußte leider nicht, wie ich sie machte und auch nicht, warum ich sie machte und das bereitete mir großes Kopfzerbrechen, weil ich immer bestraft wurde und ich wußte nicht warum. Dazu hatte ich mir – seitdem ich lesen und schreiben konnte – vorgestellt, daß im Himmel ein großes Buch geführt wurde, auf der einen Seite wurden die guten, auf der anderen die bösen Taten aufgeschrieben. Ich sagte dann zu meinem Schutzengel: »Ich kann schreiben, aber Du nicht...«

Hatte er es Dir gesagt?

Ja, er hatte es mir gesagt. Er hatte mir gesagt: »Ein anderer Engel befaßt sich damit, denn ich kann nicht schreiben.«

Ja, aber er sagte Dir bestimmt, auf welcher Seite das Gute und auf welcher Seite das Böse war, oder?

Ja, genau über das alles sprach ich mit ihm. Ob das Gute und das Böse im Himmel mit dem Begriff des Guten bei der Dame, die uns erzieht, gleichzusetzen wäre (das war die Hauslehrerin, die wir »Fräulein« nannten), weil »Fräulein« sagt, etwas sei dann böse, wenn es für die anderen nicht angenehm ist; aber wenn ich es doch nicht mit Absicht tue? Daraufhin sagte mir eines Tages mein Schutzengel: »Es muß jemanden geben, der dafür sorgt, daß die Erwachsenen in den Himmel kommen, Du bist eben dafür zuständig; darum machst Du auch Dummheiten, weil Du dafür sorgst, daß die Erwachsenen in den Himmel kommen.« Das tröstete mich und ich konnte in Frieden einschlafen, weil ich im Grunde meinen Job getan hatte, der darin bestand, dafür zu sorgen, daß die Erwachsenen in den Himmel kommen, indem ich – ohne daß ich wüßte, wie dies geschah – den ganzen Tag unausstehlich war.

Hatte dieser Engel eigentlich einen Körper?

Ja, darum mußte für ihn im Bett ein Platz frei sein. Er trug ein weißes Kleid, er hatte Flügel, die er zusammenklappte, deshalb sagte ich ihm ab und zu: »Nein, tue Deinen Flügel bitte nicht dahin, er stört mich.« Wenn ich beim Aufwachen merkte, daß ich zu viel Platz eingenommen hatte, sagte ich ihm: »Entschuldige bitte, ich habe Dich gequetscht« und rückte auf meinen Platz – oder besser gesagt, meinen halben Platz – zurück. Aber er sagte: »Weißt Du, es ist nicht dasselbe, man wird nicht gequetscht, wenn man ein Engel ist, man wird nur gequetscht, wenn man einen Körper hat.« Also, solche Dinge sagte er... Er war sehr nett. Auf jeden Fall werde ich nie den Tag vergessen, an dem er mir gesagt hat, ich würde dafür sorgen, daß die Erwachsenen in den Himmel kommen, denn der Trost war unglaublich groß; es ist wahr, denn bis dahin schlief ich jeden Abend mit Schuldgefühlen ein, weil unsere Hauslehrerin jeden Tag alle meine Missetaten rekapitulierte: die Liste war sehr lang! Und was die guten Taten betraf, sie waren gleich null ... und noch weniger! Oder man bekam ellenlange Strafen, denn in unserer Familie wurde man 14 Tage lang bestraft.

Um was für Strafen handelte es sich?

Man bekam keine Nachspeise. Ich sammelte die Tage, an denen mir die Nachspeise zur Strafe entzogen wurde. »Wenn ich groß bin, werde ich immer drei Nachspeisen essen.« Ich denke noch manchmal daran, wenn ich heute Nachspeisen sehe. Es war für mich wirklich eine Strafe, denn ich naschte furchtbar gern.

Und ist er eines Tages weggegangen?

Wer? Der Schutzengel? Aber nein, nie.

Er ist also immer noch da?

Du weißt es doch, daß er jedesmal kommt ... wenn ich einen Parkplatz für mein Auto finde...

Ja, aber Vater hat doch seinen Platz im Bett eingenommen.

Ja, ja, im Bett... Nein, im Bett ist er nicht mehr, das stimmt. Er ist eben viel zu beschäftigt. Ein Kinderschutzengel schläft immer neben dem Kind. Aber ein Erwachsenenschutzengel wacht immer. Außerdem ist er nicht allein. Erstens gibt es einen für das Haus, für jedes Zimmer und dann heißt es immer – jedesmal, wenn etwas Schönes geschieht, wenn man irgend einen Vorfall vermieden hat: »Danke, lieber Schutzengel.« »B.A.G.«[1] nannten wir ihn zu Hause. Und wenn ich einen Parkplatz finde, habe ich es ihm zu verdanken. Übrigens kümmert sich immer einer – vielleicht ein Hilfsengel meines Schutzengels – um mein Auto: ich finde immer dank seiner Hilfe einen Parkplatz. Habe ich eine Panne, dann sicherlich deshalb, weil er sich in der Zeit hat ablenken lassen. Aber ich schimpfe nie mit ihm, sondern ich sage ihm: »Du hast mich aber vergessen.« Trotzdem ist er da, es ist sein Beruf, ich muß nicht irgendetwas tun, damit er sich um mich kümmert.

Bist Du ihm nichts schuldig?

Nein, nie. Dem Schutzengel, dem schulde ich nichts. Ab und zu sage ich nur: »Paß auf, denn ich brauche Dich, Du mußt aufpassen.« Ich glaube schon, daß dieser Schutzengel eine Metapher des menschlichen Säugetieres in mir selbst darstellt. Ich weiß nicht, ob Du den Film mit der kleinen Äffin namens Udi im Fernsehen gesehen hast. Udi, das ist erstaunlich, aber sie kann nichts Totes sehen ohne sich die Augen zu verstecken – also, jemanden, der tot ist oder ein totes Tier, das von einem Lastwagen zurückgebracht wird. Nun, und genau das war die einzige Geste, die der Schutzengel zeigte, wenn ich mit Absicht etwas Böses getan hatte.

Kam dies bei Dir überhaupt vor?

Ja, es kam durchaus vor. Ich log gern, ich sagte z. B., daß ich mir die Zähne geputzt hatte, denn das konnte man ja nicht sehen; und ich behauptete felsenfest, daß es stimmte. Man schaute sich meine Zahnbürste an, sie war natürlich trocken.

Hatte Dein Schutzengel sie nicht inzwischen ins Wasser getaucht?

Nein, der gute Schutzengel wußte, daß ich gelogen hatte, und da fühlte ich mich schuldig, und der gute Schutzengel verbarg die Augen hinter seinen Händen und dann wußte ich, daß es stimmte, daß ich wirklich schuldig war, daß ich nicht hätte lügen dürfen. Und ich belehrte ihn ein wenig: »Warum muß ich mir auch die Zähne putzen, schließlich sind es nicht Ihre Zähne, warum muß ich sie putzen?« Außerdem mochte ich mich beim Baden nicht einseifen, darum ging ich in die Badewanne, plantschte ganz laut herum, ging heraus und sagte: »Ich bin fertig.«

1 Bon Ange Gardien — Lieber Schutzengel (Anm. der Übers.)

Aber der Waschlappen und die Seife waren nicht naß, und ich wurde mit dem Entzug der Nachspeise bestraft.

Hast Du nie daran gedacht, die Seife naß zu machen?

Später schon, aber ich war trotzdem genauso schuldig; denn fragte man mich, ob ich mich gut eingeseift hätte, sagte ich: »Aber schaut doch mal nach, ich habe den ... naßgemacht.« – »Ja, ja, den ... naßgemacht« sagte »Fräulein«, denn sie wußte schon Bescheid, sie kannte mich ja. Mich wundert es auch heute noch, daß die Hauslehrerin immer die Wahrheit aus mir herauslocken wollte.

Wie meinst Du das?

Ja, ich schwindelte sie an und erzählte ihr irgend etwas, sie hätte sich damit zufrieden geben können und somit wäre es erledigt gewesen. Aber nein, sie wollte unbedingt wissen, ob ich sie hereinlegen wollte oder nicht. Was ging sie das eigentlich an, ob ich mich gewaschen hatte oder nicht? Natürlich sah man es mir an, wie man mir sagte. Ich trug zwangsläufig noch irgendwelche Spuren an mir, ob von Bleistiften oder von Dreck, die auf der Haut geblieben waren. So geht es ja allen Kindern, die auf ihren Beinen herumgekritzelt und sich danach nicht eingeseift haben. Ich schrieb gern auf meinen Händen und Beinen herum. Ich schrieb mit Bleistift, da wir zu der Zeit noch keinen Kugelschreiber hatten. Heute sieht man bei vielen Kindern Spuren vom Kugelschreiber auf der Haut. Mit Holzbuntstiften kann man nicht so gut auf der Haut herummalen, die gehen nicht so gut, aber mit der Bleimine ging es hervorragend. Warum die Kinder dies gern tun? Das ist wie mit dem Tätowieren. Ich glaube, sie tun es deswegen, weil das Leben auf uns seine Spuren hinterläßt und wir dafür verantwortlich sein wollen, was das Leben schreibt.

Schriebst Du eigentlich »Françoise«?

Ich schrieb »Vava«, da ich so genannt wurde. Vava war mein Spitzname. Das ist im Französischen ein Spitzname für Françoise. Und ich schrieb immer Francoise statt Françoise, ich vergaß immer die Cedille und wurde immer wieder korrigiert.

Schriebst Du sogar auf den Beinen herum?

Ich habe nie meinen Namen auf meine Beine geschrieben. Ich schrieb »Vava« oder »Jean«, das war mein Bruder, oder »Philippe«, der Bruder, der nach mir kam, ich schrieb eben solche Dinge, schrieb Wörter nur aus der Lust heraus, Wörter zu schreiben – allerdings auch nur auf die Unterarme und die Hände. Auf den Beinen waren es eher Zeichnungen, bei denen ich mir große Mühe gab, kleine Katzen ... verstehst Du...

Du hast also nicht »Scheiße« geschrieben, wie ich es tat, oder?

Nein, zum einen kann ich mich gut erinnern, daß ich die Worte wie »merde«[1]

1 Merde — Scheiße

oder »Madagascar« innerlich wie »merle« oder »Malagascar« aussprach und es sehr lange dauerte, bis ich sie richtig schreiben konnte. Und dann sagte ich auch statt »malabar«[1] ein »madabar«. Was das Wort »merde« betrifft, wußte ich nie, ob es nun »merde« oder »merle«[2] hieß. Darum sagte ich eines Tages zur Hauslehrerin: »Warum schreiben Sie dieses Wort eigentlich mit einem Rechtschreibfehler an die Wände?«

Ich spekulierte nur auf die Anwort: »Es ist kein Rechtschreibfehler, es heißt schon ›merde‹ «. Doch sie hat mich überhaupt nicht darüber aufgeklärt, sondern nur gesagt: »Nicht jeder eben beherrscht die Rechtschreibung.« Sie besaß ein sehr feines Gespür und hatte natürlich schon verstanden, was ich von ihr erwartete, mir nämlich zu sagen, daß das Wort richtig geschrieben war, damit ich endlich herausbekam, ob es nun wirklich »merde« hieß. Ich sagte dann weiterhin »meree ...« um so zu tun, als ob ich es nicht wüßte. »Das darfst Du nicht sagen«, aber man wußte eigentlich nicht recht, was ich nun gesagt hatte und ich tat so unschuldig. Dieses Wort war bei uns zu Hause verpönt, aber natürlich versuchten wir immer wieder, es zu sagen. Ich sagte »fourneau«[3], meine Mutter »sapristie«[4] anstatt »sacristie«[5], denn »sacristie« ist für die Kanadier ein Schimpfwort; meine Mutter war zwar keine Kanadierin, aber es gab in der Familie irgendwo einen indianischen Ursprung aus Nordamerika, so daß »sapristie« für sie ein Wort war, das sie mit Erleichterung sagen konnte. Am Ende ihres Lebens sagte sie auch »merde«, so wie alle Leute.

Und was hat Dir eigentlich Dein guter Schutzengel gesagt, als Du diese kleinen, mickrigen Schals für die Soldaten oder die Gefangenen stricktest?

Der kümmerte sich überhaupt nicht darum. Er kümmerte sich überhaupt nicht um diese Beschäftigung von mir, die mit Gut und Böse nichts zu tun hatte, denn sie bestand nur aus einem Machen, sonst nichts. Das war für mich weder gut noch böse.

A propos, kannst Du Dich an die Kriegserklärung erinnern?

Als im August der Krieg ausbrach, waren wir in Deauville, wo wir ein Familienhaus hatten. Ich kann mich an den damaligen Strand von Deauville wie an ein Gemälde erinnern. Ich sehe noch die Damen mit ihren Kleidern der Vorkriegszeit, die Herren mit ihrem flachen Strohhut; dieses Gewühl von verkleideten Erwachsenen, die andere Kostüme trugen als die, die ich später kannte und dann dieses gekünstelte Leben von damals.

1 Malabar — Inder von der Malabarküste
2 Merle — Amsel
3 Fourneau — Herd, aber zumindest klangähnlich mit einem französischen Schimpfwort
4 Sapristie — Donnerwetter noch mal!
5 Sacristie — Sakristei (Alle Anm. v. der Übers.)

Ich erinnere mich auch daran, daß mein Vater zu Besuch kam – das war immer samstags – und zwar mit einem Zug, der »der gelbe Zug«[1] genannt wurde: das war die Bezeichnung für den Zug der gehörnten Ehemänner, denn alle Mütter, alle Frauen und Kinder lebten am Strand und samstags kam ein Zug aus Paris mit den Vätern und Ehemännern. Man ging zum Zug und die Erwachsenen nannten in ihren Gesprächen diesen Zug den gelben Zug, den Zug der gehörnten Ehemänner, weil unter der Woche die Liebhaber der Frauen zu Besuch kamen und ... und ich wußte nicht, was es bedeutete, deshalb wiederholte ich: »Wir gehen zum gelben Zug.« »Bist Du ruhig!« Ich wußte nicht, warum man schweigen sollte, bis mir eines Tages gesagt wurde: »Du siehst doch, daß dieser Zug nicht gelb ist!« Aber ich trat zwangsläufig immer wieder ins Fettnäpfchen, da mir nicht gesagt wurde, warum die Leute diesen Zug den gelben Zug nannten. Du weißt ja, wie Kinder so sind: sie sagen immer demjenigen, den man schonen wollte, die Dinge direkt ins Gesicht, sie haben regelrecht ein Gespür dafür... Ich hatte also anscheinend einer Dame, die ihren Mann betrog, gesagt: »Ach so, Du kommst zum gelben Zug?« Das war natürlich ein Riesendrama. Für mich war der gelbe Zug einfach der Zug der Väter. Man nannte ihn einfach so. Später hat man schließlich auch einen Zug den »blauen Zug« genannt. Damals kannte ich den blauen Zug zwar noch nicht, aber es gab ihn bestimmt schon, diesen Zug, der ans Mittelmeer fährt. Wie dem auch sei, ich hatte schon festgestellt, daß der Zug nicht gelb war, aber ich habe nicht verstanden, warum die Leute lachten, wenn sie den Zug so nannten. Erst viel später habe ich es verstanden. Es ist eigenartig, aber hätte man es mir erklärt, hätte ich meinen Mund halten können. Ich bin sicher, daß ein kleines Mädchen so etwas sehr gut versteht, selbst wenn sie nicht genau weiß, was es heißt, mit einem anderen Mann als mit dem Ehemann auszugehen; aber es versteht schon, daß es sich um etwas handelt, das bestimmt nicht richtig ist. Außerdem hätte ich mir gesagt: »Mein Vater wird nicht von meiner Mutter betrogen, also ist es für uns kein gelber Zug.« Ich hätte aufgehört, diesen Ausdruck zu gebrauchen ... und ich hätte keine Schelte bekommen, weil ich es nur deshalb immer weiter sagte, da es einen guten Eindruck machte, wie die Erwachsenen zu sprechen.

Was den Krieg betrifft, so kann ich mich an den Samstag vor Kriegsausbruch sehr gut erinnern, an dem mein Vater nach Deauville kam; ich spielte auf dem Boden neben dem Fenster im Wohnzimmer und mein Vater ging weg und sagte dabei meiner Mutter, während er uns ein Küßchen gab, das lange Gespräch, das sie am Sonntag zusammen hatten, rekapitulierend: »Bis Samstag, wenn es keine Kriegserklärung gibt...« Ich schaute ihn an und fragte, was es bedeuten würde. Er antwortete: »Es heißt so viel, wenn der Krieg nicht ausbricht.« Das war vielleicht

1 Die Farbe »gelb« bezeichnet im Französischen häufig den betrogenen Ehemann (Anm. der Übers.)

seltsam, mit diesem »Sarajevo«, denn dieses Wort kam immer wieder in allen Diskussionen vor, es tauchte plötzlich, einfach so, in meiner kindlichen Welt auf. Ich wußte nicht genau, was eigentlich Krieg bedeutete. Ich verstand nicht, warum die Ermordung von Leuten in Sarajevo alles in Schutt und Asche legen sollte. Ich wußte vom Elsaß und Lothringen, daß man den Krieg von 1870 wiedergutmachen müßte, daß es eine Schande gewesen wäre und daß man Elsaß und Lothringen wiedererobern müßte. War das also alles erst durch Sarajevo möglich geworden? Für mich hatte der Krieg mit den berittenen Ulanen[1] zu tun, die lange Lanzen und Helme mit komischen quadratischen oder spitzen Dingen daran hatten, mit Soldaten, die ihre Fahnen an sich drückend vom Pferd fielen und dann mit Leuten, die weinten. So stellte ich mir den Krieg von 1870 vor. Und dann gab es noch die kleinen flachen Zinnsoldaten, mit denen meine Brüder spielten. Der Krieg, das waren für mich eben solche Geschichten.

Davor hatte die Sache mit der Bonnot-Bande[2] stattgefunden. Auch an diese Geschichte kann ich mich erinnern und auch daran, wie sich die Leute die Zeitungen aus den Händen rissen. Und dann kam der Krieg. Damals konnte ich zwischen der Sache mit der Bonnot-Bande und dem Krieg nicht unterscheiden.

Und dann zogen eines Tages die kleinen Zeitungsverkäufer auf der Straße herum und riefen schreiend aus: »Die Kriegserklärung, die Kriegserklärung!« Und an dem darauffolgenden Samstag kam mein Vater nicht zurück. Am Tag der Kriegserklärung sind wir mit »Fräulein« zum Rathaus gegangen. Wir sahen hinter einer Scheibe das Plakat der allgemeinen Mobilmachung mit den zwei gekreuzten französischen Fahnen hängen, aber ich konnte damals noch nicht lesen: »Bekanntmachung: Allgemeine Mobilmachung.« Die Frauen bildeten eine schwarze Traube vor diesem Gitter und rührten sich nicht von der Stelle. Ich stand auch da mit »Mémé«[3], die zuschaute. Ich sage »Mémé«, obwohl wir sie damals »Fräulein« nannten; später, als sie alt wurde, haben wir sie »Mémé« genannt. Ich fühlte mich etwas bedrängt durch diese ganzen Frauenröcke; die Frauen schienen von diesem Plakat völlig fasziniert zu sein und ich fragte mich, was das eigentlich alles zu bedeuten hätte, all diese Leute, die weinten, und dann noch junge aufgeregte Männer, die fröhlich – weil sie getrunken hatten – mit ihrem Bündel auf der Schulter wegzogen.

Damals reisten die Leute mit Körben und Bündeln – zusammengebundenen, viereckigen Tüchern aus Leinen –, mit dicken Koffern aus Stroh oder Korbmaterial

1 In Preußen und Deutschland bis zu dem 1. Weltkrieg Angehöriger der schweren Kavallerie
2 Bonnot-Bande — Bande von Anarchisten zu Beginn dieses Jahrhunderts in Frankreich
3 Mémé — Omi
(Alle Anm. v. der Übers.)

mit Metallbeschlägen an den Ecken. Es gab auch Reisekörbe mit oder ohne Deckel. Und ich erinnere mich sehr genau an diese Züge ohne Gang, die Abteile waren voneinander getrennt und mit einer eigenen Tür versehen. Ich kann mich auch genau – es war in der Normandie – an die Bauern im Zug erinnern. Ich sehe noch ihre blauen Blusen mit weißem Kragen, sie hatten irgend etwas Rotes als Krawatte umgebunden und eine Kappe oder eine hohe Schirmmütze auf dem Kopf. Und dann ihre dicken Körbe, aus denen sie sogleich Wurst und Hähnchen herausholten, auch wir holten bald unsere belegten Brote heraus und das Töpfchen für die Kleinen (wir warfen den Inhalt aus dem Fenster heraus). Die ganze Strecke Paris-Deauville – und das waren bestimmt vier bis fünf Stunden – waren wir in diesem Abteil eingesperrt, von den anderen Reisenden isoliert. Schließlich brauchte man etwas zu essen, und die Leute mußten auch pinkeln gehen.

Also, um wieder auf die Schals zurückzukommen...

Ich war sehr geschickt mit meinen Händen und dies schon sehr, sehr früh, lange vor dem Umzug. Wir sind Anfang des Jahres 1913 umgezogen. Philippe ist im März 1913 auf die Welt gekommen und Ostern 1913 sind wir umgezogen. Es war also schon lange davor, ich stickte viel und auch sehr gern, ebenso gern häkelte oder strickte ich, ich malte auch gern, kurz und gut, ich war mit meinen Händen sehr gewandt. Und als der Krieg ausbrach, fabrizierten wir für die Soldaten eben Schals, es waren eigentlich Halstücher, aber wir nannten sie Schals (cache-nez) und ich nannte sie »cache-naît«[1], wahrscheinlich deshalb, weil Philippe gerade auf die Welt gekommen war. Niemand hatte etwas dagegen, man lachte nur, wenn ich »cache-naît« sagte. Ich fabrizierte sie mit einem »Rechen«, also einer besonderen Stricknadel. Zwar gefiel mir diese Arbeit, aber gleichzeitig störte mich, daß ich dazu verpflichtet war.

Ich hatte einen, zwei oder drei Schals für verletzte Soldaten fabriziert, weil unsere Hauslehrerin und unsere Mutter einen Saal mit vierzig verletzten Soldaten übernommen hatten. Diese großen Räume waren eigentlich die Empfangshallen vom »Hòtel Royal«, in denen Betten aufgestellt wurden und die in Säle für Kriegsverletzte umfunktioniert wurden. Man hatte die Hotels in Lazarette umgewandelt, denn diese Räume boten sich förmlich dafür an, und viele Damen hatten dort ihre Dienste als freiwillige Krankenschwestern angeboten. Es war sehr hübsch anzusehen, all diese Damen als Krankenschwestern verkleidet... bis zum Ende des Sommers; denn als der Sommer vorbei war, gingen alle wieder weg. Es war nie-

1 cache-nez — langer Winterschal, meist aus Wolle;
cache-naît — (klangähnlich mit cache-nez) – versteckt – geboren sein
(Anm. der Übers.)

mand mehr da für die Verletzten, die immer zahlreicher wurden. Deshalb sind wir also in Deauville geblieben, um uns um die Verletzten zu kümmern, bis mehr Krankenschwestern in Frankreich ausgebildet wurden. Meine Mutter und unsere Hauslehrerin übernahmen also einen Saal. Sie wechselten sich ab, denn schließlich waren wir damals schon fünf Kinder zu Hause, wir waren damals noch nicht zu sechst. Sie erzählten von ihren Verletzten und wenn es den Verletzten besser ging, durften sie ausgehen, sie gingen also mit uns aus, sie kamen zu uns nach Hause, wir gingen spazieren, wir gingen mit ihnen in die Altstadt von Deauville, zum Bauernhof von Saint-Arnould.

Ich strickte also diese Schals, weil sie Wollsachen brauchten, und sie mußten mindestens einen Meter bis einen Meter zwanzig lang sein und das war eine langwierige Arbeit. Deshalb befestigte ich sie über Nacht mit Hilfe von Sicherheits- oder Haarnadeln an den Stoff der Polsterstühle und zog an den Stühlen, damit sie länger wurden und so einen Meter zwanzig erreichten beziehungsweise machte ich sie naß, damit die Wolle sich dehnte! Aber wenn sie wieder trockneten, schrumpften sie wieder ein und gingen von den Stühlen ab oder diese kippten um. Und am nächsten Morgen fand man umgekippte Stühle, die durch das mickrig gewordene Gestrickte aneinandergebunden waren, das durch das Anfeuchten eingelaufen war, denn die Wolle wird ja hart, wenn sie angefeuchtet wird. Es handelte sich also um ein regelrechtes Malheur. Natürlich war es mir sehr unangenehm, denn es ging viel Zeit drauf, ich konnte sogar nicht mehr spielen gehen, weil man mir Schuldgefühle einflößte, sie (die Soldaten, Anm. d. Übers.) würden darauf warten, hieß es. In dem Schützengraben gab es angeblich immer einen armen Frontsoldaten, der auf meinen Schal wartete und sterben würde, wenn ich ihm seinen Schal nicht zu Ende strickte. Und ich merkte gar nicht, daß es die Leute amüsierte, mich von der Bedeutung dieser Arbeit so überzeugt zu sehen, obwohl sie auf Dauer nur noch eine Last war. Ich weiß nicht warum, aber irgendwie empfinde ich es einem Kind gegenüber schon ein wenig sadistisch, und ich verstand erst später, daß die Leute, wenn sie bei uns zu Besuch waren, nur deswegen zu mir kamen, um zuzuschauen, wie ich mich eifrig an meinem Strickzeug zu schaffen machte. Ich hatte nicht einmal Zeit, sie mir anzuschauen, denn schließlich mußte ich irgendwann auch mal spielen; also die ganze Zeit, wenn wir im Haus waren, war ich mit meinem Strickzeug beschäftigt, ich hatte keine Zeit zu sprechen, ich mußte ja vorankommen, und danach machte ich mich aus dem Staube. Das war's.

Was gab es auf dem Bauernhof von Saint-Arnould denn zum Essen?

Also auf dem Bauernhof von Saint-Arnould war es wunderschön. Erstens waren Kühe auf der Weide, es sah aus, wie die Landschaften auf den Stoffen von »Jouy«, auf denen Bauern aus früheren Zeiten zu sehen sind (übrigens habe ich in

Deauville Tapeten mit ähnlichen Motiven haben wollen). Es war ein großes, niedriges Bauernhaus, ein Fachwerkhaus ohne Stockwerke. Da waren die aufsteigenden mit Gras bedeckten Hügel, auf denen Schafe weideten, die abends hinter dem Hügel verschwanden. Auf einem großen Schild neben einer Tür, einer großen Öffnung in der Hecke, stand geschrieben: »Verkauf von Eiern, Butter, Milch, Apfelwein. Vesper.« Wir gingen also mit den Soldaten hin. Das Vespern fand auf einem mit ein wenig Gras bewachsenen Gelände vor dem Bauernhof statt, mitten unter den Hühnern, Gänsen, Enten, Katzen und Hunden. Da standen große Tische auf Böcken und lange Bänke. Man setzte sich und bekam das sog. »Brié-Brot«. »Brié-Brot« ist ein ohne Backpulver gebackenes Brot, das länger frisch bleibt und das Fischer mit aufs Boot nahmen. Es ist ziemlich kompakt, nicht luftig und ohne Salz. Man bestrich es mit gut einem Drittel Zentimeter gesalzener Butter; dazu brachte uns die Bäuerin eine große Schüssel frisch gemolkene Milch für jeden. Es war wunderbar.

Und wie war das Haus, wo Du wohntest?

Wir sind das ganze erste Kriegsjahr in Deauville geblieben, um uns um die Verletzten zu kümmern, bis es genügend fertig ausgebildete Krankenschwestern gab. Wir sind also den ganzen Winter 1914-1915 in Deauville geblieben und dann noch den Sommer 1915 in einem Haus, in dem wir als Beleuchtung nur Kerzen hatten. Wir hatten sogar kein Petroleum, wir hatten auch kein Gas, wir kochten mit Holzkohle oder Holz. Es wurde auch nicht geheizt, wir mußten einen Ofen installieren lassen ... dessen Rohr sich in der Achse des Treppenhauses befand. Wir machten ab und zu ein kleines Feuer darin, um die Luft geschmeidiger zu machen. Es gab also alle Dinge, die zum Leben gehören... Wir stellten Apfelwein her. Wir häuften die Äpfel vor die Häuser und dann kamen die Kelter auf Rädern vorbei und der Apfelwein wurde für die Leute bei ihnen zu Hause gemacht. Und dann gab es noch alle möglichen umherziehenden Verkäufer von Messern – und den Krabben von Villerville: »Schöne, lebendige Krabben zu verkaufen!« und dann: »Messer, Messer, ich repariere und schleife Messer, Scheren, Rasiermesser, ich schleife Scheren!« Man sah den Scherenschleifer von weitem kommen, und wenn er vorbeigezogen war, sangen wir eine halbe Stunde seinen Spruch nach.

Und was war eigentlich »Mititi«?

»Mititi?« Das war die Zeitung. Das war aber viel später. »Mititi« gab es sehr lange. Fünfzehn Jahre lang, von meiner Kindheit an bis zu der Zeit, als ich schon erwachsen war. Wir gingen damals mit Absicht zu einer Frau, die einen Sprachfehler hatte, um dort die Zeitung abzuholen. Wir gingen aber immer etwas früher hin, also bevor die Zeitung da war, die mit dem Zug aus Paris kam. Das machten wir deshalb so, um zu hören, wie sie jedesmal sagte: «A Mititi vous voulez, tefé ma tète...» (Das bedeutete: »Laßt mich bitte bis um zwölf Uhr in Ruhe. Ich bin ja mit meiner Kasse beschäftigt.«) Wir sagten also: »Wir gehen zu Mititi.« Viele Leute gingen zu »Mititi« nur deshalb, um sich über sie lustig zu machen und sie ihren unveränderlichen Spruch immer wiederholen zu hören: «A Mititi vous voulez...»

Und wie war es nochmal mit der Dame, die ihren Mann verloren hatte?

Die Dame, die ihren Mann verloren hatte? Das war Ende 1915. Sie kam zu uns nach Hause. Übrigens waren alle Leute so wie sie, es wehte ein richtiger Trauerwind damals, und ich habe zugehört, was gesprochen wurde, ich war im Wohnzimmer und hörte zu. Dabei sagte ich mir: »Sie ist dumm, die Dame, sie ist wirklich dumm«, und ich wiederholte es so vor mich hin, aber nicht zu laut. Trotzdem merkte unsere Hauslehrerin, daß ich ein Problem hatte und konnte es nicht lassen, mich nach dem Sinn meiner Worte zu fragen: »Aber warum sagst Du, daß sie dumm ist?« Ich habe geantwortet: »Sie ist dumm, sie sagt, daß sie ihren Mann verloren hat und dann kommt sie hierher, aber hier ist er ja nicht! Sie sollte ihn lieber suchen.« Selbstverständlich war ich diejenige, die dumm war, denn »verloren« bedeutete schließlich, daß er gestorben war. Ich habe es nachträglich zwar schon verstanden, aber es hat lange gedauert; die Zeit nämlich, die die Bemerkung eines Kindes braucht, von ihm dahingehend verstanden zu werden, daß es später bestraft wird, wenn es solche Dinge sagt. »Man darf nicht sagen, daß ein Erwachsener dumm ist!« Man ist unhöflich, wenn man das sagt, darum bekommt man Schelte oder wird bestraft, und es dauert eine ganze Weile, bis die Eltern merken, daß das Kind eigentlich etwas Kluges gesagt hat. Für das Kind ist es ja ein Problem, wenn es jemanden, den es gern hat, dumm findet, es befindet sich nämlich in einem Konflikt.

Ich erinnere mich an eine Andere, die bei uns zu Besuch war, sie lachte wie verrückt und war es wohl auch, weil sie unter dem Tod ihres Sohnes so stark litt. Sie schluchzte laut, als sie von diesem verschwundenen Sohn sprach, aber es hörte sich wie ein nervöses Lachen an. Er war nicht gestorben und sie hatte ihn nicht verloren – wie die andere – sondern er war verschwunden; und ich habe verstanden, daß »verschwunden« bedeutete, daß niemand wußte, wo er war. Dieses Wort »verschwunden« war überhaupt sehr mysteriös. Am Anfang des Krieges gab es Leute, die getötet wurden, aber man sagte, daß ihre Familien sie verloren hatten; und außerdem gab es Leute, die verschwunden waren. Sie waren nicht unbedingt tot, aber sie waren verschwunden, man hoffte, daß sie in Gefangenschaft waren. Für mich waren »Gefangene« Leute, die etwas Böses getan hatten – warum wären sie denn sonst ins Gefängnis gesteckt worden? Ich stellte mir einen gefangenen Soldaten als jemanden vor, der kleinen Qualen ausgesetzt war, wie es bei unserem Spiel war, als wir »Gefangene« spielten: Du bleibst eine halbe Stunde auf einem Fuß stehen; und er hatte sich mit einem Pfand freizukaufen. Es mußte so sein, damit es nicht zu viele Gefangene gab, denn sonst hätten wir schließlich nicht weiter spielen können. Damit also die Gefangenen frei wurden, mußten sie sich »freikaufen«, z. B. Grimassen erfinden, die die anderen zum Lachen brachten – wenn niemand lachte, war das Pfand halt nicht bezahlt und man blieb dann weiterhin gefangen. Ich hatte keine genaue Vorstellung davon, was gefangene Leute eigentlich sind. Ich fragte mich, warum die Erwachsenen eigentlich »Gefangene« spielten, warum die Deutschen, die »Boches«[1], Leute gefangen nahmen. Hinzu kam noch, daß die Gefangenen immer Franzosen waren, die zu den »Boches« gingen. Ich habe sehr lange gebraucht, bis ich wußte, daß es auch »Boches« gab, die gefangen wurden. Ich verstand den Zusammenhang nicht. Ich habe deshalb lange nicht verstanden, warum die Leute, die zu uns kamen, sich über ihre Verschwundenen beklagten und später dann ganz glücklich waren, wenn sie erfuhren – über einen Brief –, daß der Verschwundene in Gefangenschaft war. Später habe ich dann begriffen, daß »verschwunden« auch tot bedeuten konnte, wohingegen »gefangen« immerhin bedeutete, daß er nach dem Krieg zurückkommen würde. So etwas wird einem nur durch die Erfahrung beigebracht.

Man kann sagen, daß ich dadurch lesen bzw. fließend lesen gelernt habe, daß ich meiner Mutter das »Communiqué« vorlas, während sie sich kämmte (man braucht viel Zeit, um sich die Haare hochzustecken) oder mit etwas anderem beschäftigt war, wenn die Zeitung kam. Das »Communiqué« war der Bericht an die Bürger über das, was im Krieg bzw. an der Front stattfand. Es war sehr, sehr oft in dem Stil von »Im Westen nichts Neues« gehalten. Es gab einen Film, der so hieß. Damals war es ja eher: »Im Osten nichts Neues«... Es gab die Argonne, die Dardanellen. Es sind Ortsnamen, sehr schöne Wörter, die ich einfach so gelernt habe, ohne sie einordnen zu können. Erst nach dem Krieg habe ich die Geographie dieser Orte gesehen, die damals in aller Munde waren: die Vogesen... Und ferner Namen von Vergnügungsplätzen, an denen hart gekämpft wurde, wie z. B. *Le chemin des Dames*[2]. Es war seltsam, sich dort mit Kanonen zu bekämpfen – meiner Vorstellung nach; aber dies hatte mehr mit einem ödipalen Phantasma zu tun, denn an diesem Ort wurde der Onkel Pierre verletzt und dort starb er auch.

1 Boches – abschätzige Bezeichnung für Deutsche
2 Le chemin des Dames — Der Weg der Damen (Alle Anm. v. der Übers.)

Als der Krieg zu Ende war, habe ich mir die Frage gestellt, wie man leben könne, wenn kein Krieg ist, denn für mich bedeutete der Krieg die Erfahrung des gesellschaftlichen Lebens. Insbesondere am Tage des Waffenstillstandes befand ich mich in großer Verwirrung, weil wir Leute kannten, die nahestehende Menschen verloren hatten... Ich selbst hatte diesen Onkel verloren, der gefallen war ... und im Stadtzentrum von Paris gab es nur Feierlichkeiten und Freudengeschrei. Meine Mutter und mein Vater sind mit den ältesten Kindern und Jean, der zwei Jahre älter war als ich, und mit dem sogenannten Kammerdiener (meine Eltern hatten ihn behalten, als er als verletzter, wegen Dienstuntauglichkeit entlassener Soldat zurückkam, weil er der Ehemann der Köchin war), dem Zimmermädchen, der Pförtnerin und allen anderen hingegangen. Sie sind mit der Haushaltsleiter und vielen Decken hinmarschiert, um am Morgen auf den Champs-Elysées auf den Umzug zu warten. Da ich zu klein war, um mitzukommen, blieb ich zu Hause mit »Fräulein« und den Kleinen, Philippe und André. Ich hätte auch hingehen können, aber man dachte, ich wäre zu jung dafür. Sie sind mit ihrer Ladung, einem Korb mit Lebensmitteln und der Thermosflasche zu Fuß weggegangen. Sie sind um ein Uhr morgens zu dem Umzug aufgebrochen, der erst um acht Uhr begann. Ganz Paris war auf den Beinen. Ich habe trotzdem etwas von dieser jubelnden Menge mitbekommen, da ich am Nachmittag mit meiner Mutter, »Fräulein« und Philippe, der fünf Jahre alt war, ausgehen durfte (»damit wir uns daran erinnern«): Wir sind mit dem Taxi gefahren, da wir uns in Passy befanden, es war ganz schön weit (wir fuhren ins »Zentrum« von Paris), nur damit ich in Erinnerung behielt, was der Waffenstillstand »im Zentrum« von Paris eigentlich bedeutete. Wir fuhren im Taxi mit Leuten zusammen, die ich nicht kannte, es waren zwei oder drei Personen, die die Festlichkeiten im Zentrum von Paris auf den Champs-Elysées auch miterleben wollten... Es war ein eimaliges Erlebnis. Wir sind wahrscheinlich auch die Avenue des Ternes heruntermarschiert, ich fand übrigens komisch, daß sie »terne«[1] genannt wurde – ich kannte ja den Sinn dieses Wortes –, angesichts einer solchen Aufregung. Ich war erstaunt. Es war das erste Mal, daß ich darauf achtete, daß man sich an einem Ort befinden konnte, der zwar »terne« hieß, aber voller Farben und sehr unruhig war. Und dann diese Lieder, diese jubelnde Menge, diese Verbrüderungsszenen! Und ich sagte mir: »Aber wie kommt es denn, daß sich die Leute so freuen und nicht an die Toten und an die, die nicht zurückkehren, denken?« Und ich schwankte zwischen zwei Gefühlen hin und her: Einmal war ich mir ungewiß, was persönlich auf mich nach dem Krieg zukommen würde: »Wie wird es sein, nach

1 Terne — trüb, glanzlos (Anm. der Übers.)

diesem einmaligen Rummel?« Und zweitens verstand ich nicht, warum so viel Freude bei diesem Rummel herrschte, denn schließlich wußte ich, daß sehr viele Leute nicht zurückkehren würden, die Papis vieler Kinder, der wunderbare Verlobte unserer Suzanne, die zweimal die Woche zum Nähen und Flicken zu uns nach Hause kam. Wie traurig war sein heroischer Tod! Und niemand schien daran zu denken, alle Leute lachten. Das hat mich damals sehr beeindruckt. Ich denke, daß die Avenue des Ternes aus diesen Gründen eine Rolle gespielt hat. Der Triumphbogen stellte für mich den Triumph jenes Tages dar. Ich wußte nicht, daß er unter Napoleon entstand, ich wußte noch nicht mal, wer Napoleon war. Für mich war er Symbol für den Triumph des Krieges. Die Skulptur von *Rude* mit der schreienden Frau, die die bewaffneten Männer anführt, diese Skulptur auf dem Triumphbogen begeisterte mich. Man sagte: »*Die Marseillaise* von Rude«, also war es für mich dieses großartige Lied, blutrünstig aber tugendhaft, welches da zu Stein erstarrt war, stumm und klagend zugleich.

Wie alt warst Du am Ende des Krieges?

Im November 1918 war ich zehn Jahre alt. Es stimmt! Ich bin im November 1908 geboren. Aber in dem Alter weiß man solche Dinge noch nicht. Übrigens dauert es sehr lange, bis man historische Erinnerungen einem bestimmten Zeitraum zuordnen kann, den man dann zu seiner eigenen Geschichte in Beziehung setzt. Ich kann mich daran erinnern, daß wir, als ich in der fünften Klasse war – ich war zehn Jahre alt – anfingen, die sogenannte französische Literatur kennenzulernen; für mich war das siebzehnte Jahrhundert wirklich ein Rätsel, also Corneille, Racine usw.: – Wir wußten ja nicht, in welcher Epoche das alles stattfand und daß sie anders sprachen, als wir heute, es erschien uns alles sehr nebulös. Und ich finde auch sehr eigenartig, daß Literatur und Geschichte in getrennten Fächern unterrichtet wurden. Es gab ausgewählte Stücke wie das *Chanson de Roland* ... aber sie wurden weder mit den Lebensgewohnheiten noch mit den politischen Ereignissen jener Epoche in Verbindung gebracht. Nicht einmal das Wort Literatur wurde einem erklärt. Ich erinnere mich, daß ich im Wörterbuch nachgeschlagen habe, um herauszufinden, was es eigentlich bedeutet, Literatur zu lernen. Die Literatur, das waren Leute, die sprachen, die anders sprachen als wir und die zeitlos waren. Herauskam, daß wir die Bilder, die die Texte begleiteten – die Ärzte von Molière mit den spitzen Hüten und die gelehrten Frauen in den Kostümen der Zeit Ludwigs des Vierzehnten –, sahen, ohne ihren historischen Bezug hinsichtlich der geschichtlichen Ereignisse jener Epoche zu begreifen. Auf der anderen Seite lernten wir »gleichzeitig« die Geschichte der Antike und die Literatur des siebzehnten Jahrhunderts. Wir lernten im Fach

Geschichte die Römer und die Griechen und in Literatur La Fontaine und Molière. Manchmal fragte ich, in welcher Zeit es sich abspielte. Man antwortete mir: »Es war im siebzehnten Jahrhundert.« Aber da ich nicht wußte, was »das siebzehnte Jahrhundert« war, und da man mir antwortete, wenn ich in bezug auf die Römer Fragen stellte, es wären die Jahrhunderte vor Christus oder die ersten Jahrhunderte danach gewesen, wußte ich eben nicht, ob das siebzehnte Jahrhundert davor oder danach war, da es nicht genau erklärt wurde. Es ist für die Kinder sehr schwierig, sich eine genaue Zeitvorstellung zu machen, denn die Erwachsenen können sich die Fragen, die die Kinder haben, nicht vorstellen und die Kinder wissen ihrerseits häufig nicht so recht, wie sie ihre Fragen stellen sollen. Die Kinder bekommen die wichtigsten Anhaltspunkte menschlicher Existenz nur in bruchstückhafter Zeitabfolge mit. Zumindest empfand ich es so. Ich versuchte – aber vergeblich – die verschiedenen Zeitabschnitte miteinander zu verbinden.

Fandest Du auch den Raum beängstigend?

Ich weiß noch genau, wie ich es geschafft habe – im Grunde genommen ziemlich schnell –, Paris kennenzulernen. Das war, wenn wir mit dem Taxi zum Bahnhof fuhren oder vom Urlaub zurückkamen: Wir fuhren durch verschiedene Stadtteile von Paris und ich achtete sehr auf den Weg von einem Ort, den ich kannte, bis zum Bahnhof. Ich versuchte, mir alle Straßennamen zu merken und nach und nach, nach sechs oder sieben Fahrten konnte ich mich schon ganz gut zurechtfinden. Ich erinnere mich, daß meine Mutter sagte – wenn wir zum Bahnhof Saint-Lazare fuhren: »Na, der ist nicht über die rue La Boétie gefahren, er will nur seinen Zähler laufen lassen.« Dann sagte ich mir: »Die rue La Boétie ist also kürzer als...« Man hatte mir nicht erklärt, daß es einen Stadtplan von Paris gab. Es wäre so einfach gewesen, mir beizubringen, wie man damit umgeht. Erst als ich einen Stadtteil von Paris, den ich zum Teil kannte, an einen anderen gefügt hatte, verstand ich den Zusammenhang, der zwischen ihnen existierte. Später bin ich der Sache nähergekommen und habe herausbekommen, daß man einen Stadtplan benutzen konnte. Auf dem Stadtplan konnte ich dann sehen, wie die verschiedenen kleinen Inseln, die ich kannte, miteinander verbunden waren. Wahrscheinlich hat man mir im übrigen viele Dinge nicht so erklärt, wie man es einem ersten Kind gegenüber getan hätte, denn ich war in der Familie das vierte Kind und von dem vierten erwartete man, daß es irgendwie schon mitkommt, so daß ich oft nicht wußte, welche Fragen ich eigentlich stellen sollte. Hinzu kam, daß ich nie allein gewesen bin, es waren immer Leute um mich herum. Hätte ich Fragen gestellt, hätten so viele zu antworten gehabt. Beim Essen waren wir mit unseren Eltern und unserer Hauslehrerin zusammen sieben oder acht; und wir durften schließlich nicht sprechen, sondern nur zuhören.

Beim Essen versuchte ich herauszufinden, wie man von einem Thema auf das nächste kam. Die Erwachsenen sprachen über irgend etwas und dann plötzlich über etwas ganz anderes. Wie kam man eigentlich auf ein anderes Thema? Ich stellte fest, daß es damit zu tun hatte, daß irgend etwas dazwischenkam. Zum Beispiel wurde ein Gericht serviert – und schon sprach man davon; oder es rief jemand an, und das Gespräch am Tisch wurde unterbrochen. Es sieht so aus, als wäre ich schon damals an Fortsetzungen, ineinandergreifenden Sinnzusammenhängen oder Ideenassoziationen interessiert gewesen. Diese Vorstellung von einer Fortsetzung oder »Reihe« schien auf mich tatsächlich eine nachhaltige Wirkung gehabt zu haben, dieses Kontinuierliche, das verbindet, was nicht zusammenpassend oder eben unzusammenhängend erscheint, als ein Vorher und Nachher. Vielleicht geht es allen Kindern so. Und wie war es bei Dir?

Was die Zeit betrifft, was hattest Du für eine Vorstellung von gestern und morgen?

Das habe ich sehr schnell begriffen. Mein Leben war dadurch eingeteilt, daß meine Mutter bestimmte Empfangstage hatte. Die Damen kamen an einem bestimmten Tag zu Besuch, an den ich mich nicht mehr erinnere, ich weiß nicht mehr, ob es dienstags oder donnerstags war, ich glaube, es war dienstags. Man mußte sich für vier oder fünf Stunden schick anziehen und vor jeder Dame eine Verbeugung machen. Diese Besuche hörten mit dem Krieg von 1914 auf: Sie fanden vor allem in der Zeit statt, als wir in der rue Gustave-Zédé wohnten. Und dann war es damit vorbei – zumindest gab es sie nicht mehr regelmäßig –, als ich viereinhalb bzw. fünf Jahre alt war. Ich bin im November 1908 geboren, der Krieg brach 1914 aus, ich war also fünfeinhalb Jahre alt. Dieser Tag war also ein bestimmter, regelmäßig wiederkehrender Anhaltspunkt, der die Woche kennzeichnete. Es gab auch den Tag, an dem meine Eltern beim Abendessen nicht zu Hause waren, sie gingen jeden Freitag zum Abendessen in die rue Pajou zu meiner Urgroßmutter mütterlicherseits; und dann war noch der Tag, an dem sie abends bei meiner Großmutter mütterlicherseits aßen. Der Sonntag war der Tag meiner Großmutter väterlicherseits, der Onkel, die Tante und die Cousins von dieser Seite kamen auch zum Mittag- oder zum Abendessen. So daß die Tage gekennzeichnet waren von »dem Tag von…« Aber was für uns wohl noch wichtiger war, glaube ich, waren die Tage, an denen meine Großmutter, die Mutter meiner Mutter, uns Kinder abwechselnd zum Essen einlud. Schon als kleine Kinder hatten wir bei ihr einen bestimmten Tag, an dem wir mit ihr zusammen zu Mittag aßen: der Freitag war mein Tag und ich ging sehr gern hin. Jeden Freitag wurde ich von der Hauslehrerin hingebracht und gegen halb drei oder drei Uhr abgeholt. Das war, wie ich denke, ein wichtiger Markierungspunkt in der Woche. Außerdem gingen wir jeden Sonntag zum Gottesdienst – zunächst in die Assomption-Kirche, später dann, nach dem Umzug, in die Notre-Dame-de-Grâce de Passy. Wir gingen immer zum Zwölfuhrgottesdienst. Wir kamen immer um zwölf Uhr zehn an und verließen um zwölf Uhr zwanzig die Kirche, die ganze Familie geschlossen und in Windeseile.

Ich dachte, daß man in der Familie sehr gläubig war?

Aber nein. Gläubig war man vielleicht schon – Mutter und »Fräulein« ganz sicher – aber sie praktizierten nicht sehr eifrig ihre Religion. Man ging nur aus Prinzip jeden Sonntag in die Kirche. Wir taten das rituelle Minimum. Ach, ja! Ich hätte beinahe vergessen, freitags »fasteten« wir, wir aßen nur Fisch; und dann gab es auch die sog. »Vier Zeiten[1]«, in den »Vier Zeiten« der Kirche aßen wir auch nur Fisch. Übrigens wußte meistens niemand genau, wann die »Vier Zeiten« waren und meine arme Mutter irrte sich immer, sie mußte es von irgendjemandem erfahren. »Sapristi«, sie hatte es vergessen! Jeden Freitag gab es Fisch zum Mittagessen. Und jeden Freitagabend aßen die Eltern nicht zu Hause, das war der Abend, an dem wir Dummheiten machten. Die Hauslehrerin war auch nicht da, sie wohnte bei meiner Großmutter und schlief nicht bei uns. Die Engländerin – wenn wir eine hatten – war für die Kleinen da, aber nicht am Tisch, nur die Köchin; und sobald sie weggingen, waren wir dann angeblich jeder in seinem Zimmer, was aber bedeutete, daß wir später ins Bett gingen und viel Lärm machten (nach dem Motto: wenn die Katze nicht da ist...).

Ich war immer auf der Lauer, um herauszufinden, woraus die Unterschiede (différences) resultieren. Bei meiner Mutter bzw. bei uns zu Hause gab es ein Leben mit Kindern, also keinen besonders gehobenen Lebensstil, wir taten unser Bestes. Bei meiner Großmutter aber war ein echter Kammerdiener angestellt. Meine Mutter wollte nur Frauen einstellen, irgendwann war bei uns zwar auch einmal ein Kammerdiener beschäftigt, aber das war viel später. Als mein Vater und meine Mutter älter wurden, stellten sie ein Ehepaar ein. Davor arbeiteten bei uns eine Köchin und ein Kindermädchen und später dann, als wir zu fünft bzw. zu sechst waren – und vom Alter her weit auseinander –, gab es eine Köchin, ein Zimmermädchen und noch jemanden, der sich um die kleinen Kinder kümmerte und dann noch die Hauslehrerin für die Großen. Das waren ganz schön viele Leute, wenn man es sich recht überlegt.

In der Zeit, als wir also zu meiner Großmutter gingen, arbeiteten dort ein Kammerdiener, der sehr nett zu uns war, und eine Köchin. Die Köchin hieß Hortense; und der Kammerdiener, der auch Gärtner war – meine Großmutter hatte mitten in Paris einen großen Garten –, das war der Alphonse. Beide lebten dreißig

1 Alter katholischer Brauch
(Anm. der Übers.)

Jahre unverheiratet bei meiner Großmutter zusammen und als sie meine Großmutter verließen, haben sie von heute auf morgen geheiratet. Niemand hatte es geahnt, man dachte, Alphonse sei Junggeselle gewesen, und als solcher wurde er auch bei meinem Großvater eingestellt. Und was Hortense betrifft, war mein Großvater felsenfest davon überzeugt, daß sie noch jungfräulich war. Sie hatte tatsächlich als junges Mädchen bei meiner Großmutter angefangen, sie war aber steril und darum haben sie auch nie Kinder bekommen. Sie haben bei meiner Großmutter ihre Beziehung ausgelebt, ohne daß irgendjemand etwas davon merkte, sie waren sozusagen wie ein Ehepaar. Pierre, mein ältester Bruder, der sie sehr gern mochte, hat sie später, als sie bereits pensioniert waren, an ihrem ländlichen Geburtsort besucht. Sie machten den Eindruck eines vereinten, glücklichen Ehepaares.

Eines Tages, als ich bei meiner Großmutter war – Jean war auch da, da er eine Schule in Gerson in der Nähe des Hauses meiner Großmutter besuchte (wahrscheinlich war er krank gewesen)... und es war, glaube ich auch im Jahre 1915, dieses Jahr mit der Lebensmittelknappheit. Aber wie dem auch sei, er kam jeden Tag zu meiner Großmutter zum Mittagessen. Es war für ihn wohl erholsamer als das Schulessen. An jenem Tag also waren wir alle drei, meine Großmutter, Jean und ich beim Essen, und aus reinem – fast wissenschaftlichem – Interesse heraus fragte ich meine Großmutter, ob es zu einer eleganten Bedienung gehören würde, daß ein Kammerdiener sich in das Gespräch einmischt: ich habe deshalb gefragt, weil Alphonse, der immer neben dem Geschirrschrank stehen blieb, unserem Gespräch jedesmal etwas hinzufügte, wenn ich mit meiner Großmutter sprach. Er lachte dabei, er mischte sich also in das Gespräch ein. Alle, die am Tisch saßen, machten ein langes Gesicht und ich wurde fürchterlich bestraft: ich mußte einen ganzen Monat lang aus einem Tontopf essen, der wie ein Kindertöpfchen aussah beziehungsweise auch ein Töpfchen war, wie ich erfuhr. Das Töpfchen stand auf einer kleinen Serviette, auf der W.C. geschrieben war und dazu gab man mir einen Holzlöffel und eine kleine Klobürste, die, ohne, daß sich jemand daran störte, auf dem Tisch lag. »Du wolltest eine elegante Bedienung haben, jetzt bist Du bedient!« Aber es ging mir überhaupt nicht darum, Alphonse zu beleidigen, ich mochte ihn sehr, es handelte sich bei mir um eine rein wissenschaftliche Neugier. Ich wollte mich nur danach erkundigen: »Wo fängt eigentlich eine Bedienung, die man als »elegant« bezeichnen kann, an, und wo hört sie auf?« Und das wagte ich bei meiner sehr würdevollen, strengen Großmutter zu fragen: sie war verwitwet und lebte wirklich wie eine konfessionslose Nonne. Alphonse war alt, er trug weiße Baumwollhandschuhe, um am Tisch zu bedienen, er arbeitete seit dreißig Jahren im Haus meiner Großmutter. Er ist dort eingestellt worden, als meine Großmutter noch jung war und mein Großvater noch lebte – er war krank und brauchte Hilfe.

Mein Großvater war fünfzehn Jahre älter als meine Großmutter. Alphonse trug eine gestreifte Weste, eine glänzendschwarze Jacke, die, wie man erzählte, aus »Alpaka« war und dann eben diese weißen Handschuhe, um am Tisch zu bedienen. Ich persönlich fand es unmöglich, weiße Handschuhe anzuziehen, um am Tisch zu bedienen. Hätte man mir übrigens auf meine Frage geantwortet: »Ja, ja, es ist sehr elegant, mit den Arbeitgebern zu sprechen«, hätte ich mir gesagt: »Ach so!« Denn schließlich war meine Frage nicht so sehr an den Haaren herbeigezogen, sie hätte schon eine Antwort verdient, oder? Aber nein, statt dessen tat man so, als wäre ich ins Fettnäpfchen getreten, als hätte ich diesen armen Alphonse verletzen wollen. Dabei wußten die Erwachsenen sehr wohl, daß das Verhalten von Alphonse nicht unbedingt zu einer eleganten Bedienung gehörte. Wenn irgend etwas, eine Gabel zum Beispiel, auf den Boden fiel, holte er einen Teller, hob die Gabel auf, legte sie auf den Teller und reichte sie einem. Ich verstand nicht, was das sollte, denn er hätte die Gabel ja nur aufzuheben brauchen. Aber er hob sie auf, wischte sie zuerst mit seinem Tuch ab und legte sie auf einen Teller, bevor er sie einem zurückgab. Ich muß zugeben, ich war ungeschickt und das kam oft vor. Ich war etwa zweieinhalb Jahre alt, als ich anfing, jeden Freitag bei meiner Großmutter zu Mittag zu essen. Diese Geschichte mit der eleganten Bedienung tat mir sehr leid. Ich habe mich bei Alphonse entschuldigt, der war sehr gerührt, und er fand es sicherlich peinlich, daß meine naive Frage diese Sturmflut ausgelöst hatte! Solche Geschichten sind letztendlich nur aufgrund des Unverständnisses der Erwachsenen den Kindern gegenüber möglich, und dies hat mich meine ganze Kindheit lang sehr beeindruckt. Ich verstand wirklich nichts von dieser fast institutionalisierten Schuldzuweisung aufgrund von Fragen, die man hätte nicht stellen dürfen oder Dingen, die man hätte wissen müssen – aber fragte man, gab es ein großes Drama. Ich erinnere mich beispielsweise, daß man öfters zu mir sagte: »Woran denkst Du eigentlich?« Und ich hatte eine Heidenangst vor dieser Frage, weil ich immer bestraft wurde, wenn ich verriet, was ich gerade gedacht hatte – ich dachte wohl an Dinge, die die anderen verärgerten: »Du hast vielleicht komische Ideen!« Man wünschte sich vielleicht, daß ich etwas Nettes sagte? Man erzählt, daß ich von meinen Gedanken oft sehr absorbiert, sozusagen ›auf dem Mond‹ war. Einmal habe ich mir gesagt: »Ich muß unbedingt eine fertige Antwort parat haben, damit ich keine Schelte bekomme.« Und ich erinnere mich, daß ich eines Tages geantwortet habe: »Ich denke an die armen Soldaten im Grabenkrieg!« Das Dumme dabei war, daß ich diese Antwort vier Jahre lang immer wieder benutzte, obwohl der Krieg schon längst vorbei war. Und als man mich mir nichts, dir nichts von neuem fragte: »Françoise, was denkst Du?« kam die alte Antwort automatisch aus mir heraus: »An die armen Soldaten im Grabenkrieg!« – »Sie ist völlig verrückt!« Selbst das war für sie verrückt.

Im Grunde genommen sagten Dir die Erwachsenen immer wieder, daß Du verrückt wärest, dabei fandest Du, daß sie selbst ziemlich verrückt sind, oder?«

Nun, eines Tages hatte ich schon eine ihrer Meinung nach unmögliche Frage gestellt: »Hatten die Leute unter dem König Dagobert Köpfe, die so groß wie Kürbisse waren?« Das war doch der Beweis, daß ich verrückt war. Der Kronleuchter war nämlich ein sogenannter »*Dagobert*-Kronleuchter«; er war rund wie eine königliche Krone aus gehämmertem Metall und mit Patina, darauf waren künstliche Kerzen aus geschnitztem Holz angebracht, die im übrigen auch künstlich tropften. Ich war damals noch keine fünf Jahre und die Eltern, die ihre Möbel kauften, schwärmten dauernd von diesem »*Dagobert*-Kronleuchter«. Sie waren noch ganz glücklich, meine Eltern, denn sie waren junge Eltern, die all die schwierigen Zeiten noch nicht erlebt hatten, die sie später gekannt haben. Sie waren einfach glücklich, umzuziehen. Und vor allem bekamen sie damals elektrisches Licht, das wir in der rue Gustave-Zédé nicht hatten, wo wir für die Beleuchtung Petroleum verwendeten. Sie wollten also im Wohnzimmer einen »*Dagobert*-Kronleuchter« mit »Flammen-Kerzen« (künstlichen Kerzen) installieren. »Was sind eigentlich Flammenkerzen?« Ich kannte nur die Kerzen, die man anzündete und die keine Flammen hatten, wenn sie ausgelöscht waren. Hier waren es aber »Flammenkerzen« – künstliche Kerzen mit gedrehten und spitzen Glühbirnen aus Glas, darunter war eine Röhre aus gelbem Holz mit Tropfen, die immer an der gleichen Stelle hängen blieben, damit es wie geschmolzenes Wachs aussah. Warum war es eigentlich schön, echte Kerzen nachzumachen? Ich kann mich sehr gut daran erinnern, daß mich die Frage nach dem Schönen damals sehr beschäftigte: Da sie sich neu einrichteten, hatte das schön zu sein, und ich hörte ihnen beim Essen zu, wie sie darüber sprachen. Und ich verstand nicht den Begriff des Schönen bei den Erwachsenen. Das stellte sich mir als ein echtes Problem. »Aber warum sind künstliche Kerzen schön?« – »Aber Du verstehst nichts davon!« Es gab eben keine Antwort darauf. Warum ist es schön, daß das Licht versteckt wird? Für das Wohnzimmer hatten sie sich für eine »indirekte Beleuchtung« entschieden. Das waren Kronleuchter aus Drahtgestellen, die so aussahen, wie diese Schüsseln, die man früher benutzte, als man noch kein fließendes Wasser hatte. Sie besaßen einen Durchmesser von fünfzig oder sechzig Zentimetern und waren mit Seide in zarter Farbe, meist rosa, bedeckt. An diesem rosa Gestell wurden dann Stickereien mit Spitzen angebracht, die »Fräulein« und Mutter selber fabrizierten – ich half ihnen auch dabei. Diese Schüsseln wurden mit Hilfe von vier kleinen Schnüren an die Deckenhaken gehängt. In den Schüsseln befanden sich elektrische Birnen. Unten an der Schüssel hing in der Mitte eine Eichel hinunter. Diese Lampen waren sehr im Stil von 1920 (und dies schon im Jahre 1913!), wie man sagte, und stellten das Feinste vom Feinsten dar. Das ganze hieß also »indirekte Beleuchtung«; es war so »indirekt«, daß man nichts mehr sah. Man sah einen Lichtschimmer, einen hellen Kreis an der Decke aber im Raum sah man nichts. Und ich sagte: »Warum ist es schön, wenn man nichts sieht?« Und ich bekam immer zur Antwort, daß ich von nichts eine Ahnung hätte.

Was »Dagobert« betrifft, hat niemand je meine Frage verstanden. Dabei war es so, daß ich an die Märchen dachte, in denen die Leute manchmal Kürbisse waren; und eine »*Dagobert*-Krone« müßte dann auf einen Kopf passen, der so groß wäre, wie ein Kürbis. Ich verstand wirklich nichts mehr. Hinzu kam, daß man eine Milchglasplatte darunter angebracht hatte, hinter der die Birnen versteckt waren. Man konnte zwar besser sehen als im Wohnzimmer, aber es war nicht hell genug. Das Schöne schien wirklich sehr geheimnisvoll zu sein. Ich verbinde also mit dem Umzug die Zeit, in der ich mich mit dem Problem beschäftigte, was der Sinn des Schönen für die Eltern eigentlich war. Aber mit dem Umzug verbinde ich auch ganz wunderbare Dinge: das fließende Wasser – das warme Wasser auf der einen, das kalte Wasser auf der anderen Seite –, all das, was wir vorher nicht hatten. Davor mußten wir auf dem Herd Wasser aufsetzen, das kochende Wasser trugen wir mit Krügen bis zu dem Zuber, einer großen, flachen Zinkschüssel, die wir mit einem Eimer auffüllten. Dann setzten wir uns hinein. Aber damals sind wir in eine andere Wohnung gezogen und hatten jetzt den »modernen Komfort«. Der »moderne Komfort« war damals in aller Munde, also das elektrische Licht, das kalte und warme fließende Wasser und die Heizkörper überall bzw. die Zentralheizung. Es war wunderbar. Außerdem hatten wir ein Zimmer für die Buben und eines für die Mädchen, während wir davor alle zusammen in einem Zimmer untergebracht waren. Es gab auch ein Arbeitszimmer und ein Zimmer für den oder die Kleinen mit der Engländerin. Die neue Wohnung war also schon groß. Wir hatten zwei Badezimmer. Es war wirklich eine große Umstellung; das war Ende des Jahres 1913.

Und dann – einige Monate nach dem Umzug – hat der Krieg von 1914 die Lebensgewohnheiten aller Menschen völlig verändert. Kein Fahrstuhl mehr. Keine Heizung mehr. Immer wieder Stromausfall. Seit Kriegsbeginn 1914 war mein Vater nicht mehr zu Hause.

Und dann kam noch diese furchtbare Kälte hinzu. Und die Einschränkungen, die Lebensmittelmarken für Brot, Zucker, Fettprodukte. Hinzu kam das Drama mit dem Tod meines Onkels, des Bruders meiner Mutter, der der einzige Sohn ihrer Familie war; und nach dem Krieg kam die furchtbare spanische Grippewelle; und später dann 1920 der Tod meiner Schwester, der ältesten von uns allen, die an Krebs gestorben ist. Sie war 18 Jahre alt.

Kannst Du von dem Tod Deiner Schwester erzählen?

Ich war schon ein großes Mädchen. Ich war zwölf Jahre alt, aber von der körperlichen und geistigen Entwicklung her noch ein Kind; aber das Schlimmste für mich ist gewesen, daß man, bzw. meine Mutter mir mitteilte – das war am Vortag meiner heiligen Kommunion –, daß meine Schwester schwer krank sei und die Ärzte sie nicht retten könnten; daß jedoch Gott ein Wunder vollbringen könnte, daß er Wunder tatsächlich vollbringen würde, wenn ein sehr reines Kind zu ihm beten würde. Sie klammerte sich an irgendeinen Strohhalm, die arme Frau, und sie erklärte mir, daß niemand reiner sein könnte, als ein Kind, das seine erste heilige Kommunion feiert. Wenn ich also zu Gott betete, würde er vielleicht ein Wunder vollbringen, etwas, das den Ärzten als Wunder vorkäme, die sich im übrigen vielleicht täuschten. Auf jeden Fall könnte mein Gebet vielleicht verhindern, daß meine älteste Schwester stirbt. Und da ich nicht gut genug gebetet habe, ist sie zwei Monate später gestorben ... und ich habe mich ganz und gar schuldig gefühlt, was meine Mutter übrigens bestätigte. Sie hat es mir sogar gesagt, daß ich schuldig wäre. Erstens hat sie mir gesagt: »Siehst Du, Du hast nicht richtig gebetet.« Zweitens wollte sie mich vierzehn Tage lang nicht sehen und zwar nicht wegen meines wirkungslosen Gebetes, sondern deshalb, weil ich ihre andere Tochter war. Sie hatte von sechs Kindern damals nur zwei Töchter, und ich war die Tochter, die ihr ähnlich sah: Ich war – so wie sie – dunkelhaarig mit braunen Augen, während meine Schwester blond war und blaue Augen hatte. Sie ähnelte gleichzeitig dem Vater meiner Mutter – und meine Mutter hatte ihn sehr geliebt – und der Schwester meines Vaters – die Lieblingsschwester meines Vaters, die auch blondes Haar und blaue Augen hatte. So daß Jacqueline von beiden Seiten dasjenige Kind war, das unsere Eltern an ihre kindliche Liebe erinnerte. Meine Mutter konnte nicht ertragen, daß – wenn sie schon eine Tochter verlieren mußte – nicht ich es gewesen bin, die gestorben war. Sie war angesichts ihrer mütterlichen Trauer völlig weggetreten.

Und was meintest Du damals dazu?

Ich hatte sehr viel Mitleid mit ihr und dachte, daß sie im Grunde recht hatte. Um so mehr, als ich eigentlich sehr neugierig auf den Tod war. Ich hatte überhaupt keine Angst vor dem Tod. Der Tod bedeutete für mich, den Onkel Pierre wiederzusehen, der mein Verlobter gewesen war und als dessen Witwe ich mich für mein Leben lang betrachtete. Ich dachte, daß ich nie heiraten dürfte, weil in »gutbürgerlichen Kreisen«, eine Kriegswitwe nicht wieder heiratete. Stell Dir vor, eine Kriegswitwe mit sieben Jahren! Übrigens wurde zu Hause erzählt, daß eine unserer Bekannten verlobt gewesen sei und ihren Verlobten im Krieg verloren habe und daß man, wenn man seinen Verlobten liebt und ihn in einer solchen Situation verliert, nicht wieder heiratet. Sie hat also nie wieder geheiratet und ist Ärztin geworden. Wenn eine Kriegswitwe wieder heiratete, wurde ihr der Rücken zugekehrt und nicht mehr mit ihr gesprochen. Und geschiedene Leute hatten es auch nicht gerade einfach! Unter den Freunden meiner Eltern gab es eine Frau, deren Mann fremdging und sie schließlich verlassen hatte. Sie hatte zwei Söhne, die auf der gleichen Schule waren, wie meine Brüder. Diese Frau langweilte sich sehr. Sie besuchte ab und zu meine Eltern, die zwar sehr nett zu ihr waren, sie aber erst nach zehn Uhr abends empfingen. Die Leute sollten nicht wissen, daß man eine alleinstehende Frau empfing, die von ihrem Mann im Stich gelassen worden war. Es ist verrückt, aber meine Eltern behaupteten von sich, sie wären »sehr offen«. Sie sahen also diese Frau, aber gleichzeitig hatten sie Angst um ihren guten Ruf, denn man sollte nicht erzählen können, sie wären keine »anständigen« Leute. Dann gab es noch eine andere Bekannte, eine Kriegswitwe, die mit ihren Söhnen allein lebte und deren Söhne – sie hatten ihre ödipale Phase bestimmt noch nicht überwunden – behaupteten, sie hätte Kontakt zu einem anderen Mann. Meine Eltern wollten sie damals nicht mehr sehen. Eines Tages kam sie zu uns, um mit meinen Eltern zu sprechen und sie um Rat zu bitten, weil sich einer ihrer Söhne ganz furchtbar benahm. Sie wurde bei uns auch spät am Abend empfangen. Ich fragte nach den Gründen, man antwortete mir, es ginge mich nichts an. Und dann erklärte meine Mutter: »Sie ist nicht ganz anständig, aber sie hat mit ihrem Sohn viel Kummer, deshalb versuchen wir, ihr zu helfen.« Das Wort »anständig« kam immer wieder vor.

Und wie war der Alltag nach dem Krieg?

Um ihn zu begreifen, muß man ein wenig in die Vergangenheit zurückblicken. Wir hatten zwar den »modernen Komfort«, als wir uns neu einrichteten, aber nicht sehr lange, da der Krieg ausbrach. Wir hatten vier Jahre lang weder Heizung noch warmes Wasser. Selbst meine Mutter mußte – zusammen mit unserer Hauslehrerin – mit einem Handkarren, der uns von dem Kohlenhändler an der Ecke geliehen worden war, bis zum Seineufer laufen, weil dort kinderreichen Familien Kohlen ausgegeben wurden. Ich sehe noch, wie die zwei zurückkamen, dieses schwere Ding hinter sich herziehend. Ich glaube, daß Pierre, der damals wohl zwölf oder dreizehn Jahre alt war, ihnen entgegenlief, um beim Ziehen und Schieben des Karrens zu helfen, denn nur der Hausfrau persönlich wurden Holz und Kohlen ausgehändigt. Damals hatte man auch einen »Herd« eingerichtet. Das war ein Mittagessen, das man umsonst bekam und das von den Nonnen von Saint-Vincent-de-Paul verteilt wurde. Damals gab es noch keine Sozial- und Krankenversicherung, so daß man den Armen mit Nahrungsmitteln helfen mußte. Sie standen vor diesem »Herd« Schlange. Die meisten von ihnen waren schon arm, aber es waren auch Kriegswitwen darunter, daneben alte Menschen, die wahrscheinlich Großväter waren und ihren Töchtern, die Witwen geworden waren, nicht länger auf der Tasche liegen wollten; und dann gut aussehende und anständig gekleidete Bürger mit Melonen auf dem Kopf, die mit ihrem Teller ebenfalls aufs Essen warteten. Unsere Hauslehrerin erklärte uns, daß wir uns diese Leute nicht anschauen sollten, da es ihnen wehtun würde. Wir schlichen vorbei und schämten uns, weil wir – im Gegensatz zu ihnen – genügend zu essen hatten. Das war in der rue du Ranelagh gegenüber dem Molière-Gymnasium. Meine ganze Kindheit lang sahen wir täglich Schlangen vor diesem »Herd«. Darunter waren Leute, die es verdient hatten, aber auch Besoffene, Säufer, Penner – ich weiß nicht mehr genau, wie man sie nannte, mein Vater sagte dazu »Kerle« oder »arme Kerle«. Man wußte nicht recht, wer darunter vertrauenswürdig war und wer nicht. Das Leben war damals ganz anders. Im Grunde vergleichbar mit dem Leben im neunzehnten Jahrhundert, wenn man berücksichtigt, was seitdem geschehen ist. Und vor allem nach der Einführung der Krankenversicherung, was erst 1936 erfolgt ist. Ich erinnere mich an die ersten Streiks im Jahre 1921 oder 1922; das Geschäft »Luce« (ein Lebensmittelgeschäft in der Nähe unserer Wohnung) wurde von den Angestellten besetzt, die hinter den Gittertüren wie Tiere im Zoo standen. Außerdem streikten auch die U-Bahn und die Busse. Bürgerliche Damen und Herren übernahmen freiwillig den Fahrkartenverkauf für den Bus- und Straßenbahnverkehr oder sie arbeiteten als Busfahrer. Eigentlich waren sie Streikbrecher.

Träumtest Du zu dieser Zeit von Amerika, dem Neuen Kontinent?

Das hängt sehr mit der Geschichte meines Vaters während des Krieges zusammen. Mein Vater wurde eingezogen. Er ist zuerst eingerückt, wurde dann aber sehr schnell als Direktor seines Betriebes wieder eingesetzt – als Vater von sechs Kindern. Er behielt aber seinen militärischen Dienstgrad und arbeitete dort, wenn man so will, als Offizier. Danach ist er nach Tarbes beordert worden und leitete dort eine Munitionsfabrik. Er war während des ersten Kriegsjahres in Tarbes, das war das Jahr, wo wir (außer den zwei Ältesten Jacqueline und Pierre) in Deauville lebten. Die Ältesten lebten wegen der Schule bei meiner Großmutter mütterlicherseits in Paris. Danach wurde mein Vater wieder nach Paris befohlen; von dort aus fuhr er mit einem Schiff, der »Rochambeau«, in die USA – auf die Gefahr hin, daß es versenkt würde. Das war ein Jahr bevor die Amerikaner in den Krieg zogen; er war hingefahren, um zu versuchen, von den Amerikanern Hilfe für Europa zu

bekommen, wenn sie sich dazu entschieden, sich auf die Seite der Alliierten zu stellen.

Er kam zurück mit dem ersten rostfreien Gegenstand aus Amerika, mit diesem Messer hier. Das rostfreie Messer von *Sheffield*. Er wollte nicht daran glauben, so daß er das Messer tagelang in Zitronensaft liegen ließ, um zu sehen, ob es tatsächlich rostfrei war. Ansonsten schnitt das Messer ziemlich schlecht. Eines Tages deklarierte mein Vater, daß das Messer es nicht aushalten würde, wenn man es schärft und sagte, daß all diese Neuigkeiten ... nur Dreck wären und daß Messer, die verrosten, mehr taugen würden. Aber es ging um diese ersten, unglaublichen und neuen Dinge: und es stimmt im übrigen, daß rostfreie Stahlmesser nicht geschärft werden konnten. Mit seinem Messer also ... konnte man bald nicht mehr gut schneiden. Aber es war ein Souvenier aus Amerika.

Er brachte auch den *Marche des petits soldats de bois* aus Amerika zurück (sobald die ersten Schallplatten herausgekommen waren, kaufte er diese Aufnahme), aber auch »O sole mio«, das er jeden Morgen beim Rasieren (mit dem Rasiermesser, genannt das »Säbel«) sang. Er hatte eine sehr schöne Baritonstimme. Ich dachte, die USA müßten ein feierlicher Ort sein, denn er hatte von dort ein Lied zurückgebracht.

Kurz und gut, für meinen Vater war die Amerika-Erfahrung sehr wichtig gewesen und er sprach auch oft darüber. Sobald sich das Kino ausbreitete, gingen wir jeden Sonntag mit meinem Vater dorthin. Als die ersten – natürlich stummen – Filme herauskamen, gingen wir viel ins Kino in die rue Passy und ich weiß noch, wie mein Geigenlehrer in der Kuhle vor der Leinwand Geige spielte, um die Filme und die Wochenschau zu begleiten. Ich erinnere mich an die ersten Filme von Rigadin, dann von *Charlot* (Charly Chaplin), Douglas Fairbanks, Tarzan, Erold Flynn. An die Western. Im Vergleich zu anderen Kindern habe ich die ersten Filme relativ früh gesehen. Dagegen haben wir sehr lange kein Auto gehabt, mein Vater hatte sein erstes Auto erst 1932. Pierre hatte sich zwar 1924 ein Auto gekauft aber wir, die Familie, hatten erst 1932 ein Auto, das zuerst ich – später dann meine Mutter – fahren mußte. Sobald mein Vater sich entschlossen hatte, ein Auto zu kaufen (ein

Citroën B 2 war sein erstes Auto, dann ein B 4 und ein B 6 usw.), hat er mich den Führerschein machen lassen. Er hatte zwar auch einen Führerschein, wie meine Mutter, aber er fühlte sich zum Fahren zu nervös.

Aber um wieder auf Amerika zurückzukommen, so träumte ich davon nicht nur wegen dieser ganzen Neuheiten, sondern auch deshalb, weil ich wußte, daß die O'Vernay, die Verwandten der Großmutter mütterlicherseits von meiner Mutter, von daher kamen. Eine von jenseits des Ärmelkanals stammende Großmutter war nach Amerika gefahren und hatte einen O'Vernay geheiratet, einen ehemaligen Iren, einen amerikanischen Marineoffizier, so daß meine Urgroßmutter, Cécile Secrétan, in Amerika 1830 als O'Vernay geboren wurde. Ihr Vater O'Vernay hat seine Karriere als Admiral beschlossen. Er wird wohl ein Mischling gewesen sein, denn seine Schwestern, die Fräulein O'Vernay, die Großtanten auf den Photos, sehen wirklich wie indianische Mischlinge aus. Aber damals verstand ich noch zu wenig von der Familie. Richtig versteht man, glaube ich, die familiären Generationsgeschichten erst ab sechszehn oder siebzehn Jahren. Man interessiert sich im Grunde erst spät für die Wurzeln seiner Familie; vorher hört man sich die Geschichten oberflächlich an, aber man interessiert sich nicht dafür.

Man kann die Familien von beiden Seiten gut auseinanderhalten – aber vor allem in bezug auf Ähnlichkeiten oder Feindseligkeiten bzw. Familienspannungen. Man erkennt irgendwie schon, daß der Lebensstil auf der Seite vom Vater nicht der gleiche ist wie der auf Mutters Seite, aber man ist sich dessen nicht richtig bewußt. Man macht sich die unterschiedlichen Atmosphären bei beiden Familien nicht richtig bewußt, man ist sich nur darüber klar, daß man nicht allzuviel darüber sprechen soll, wenn man beide lieb hat. Man kann nicht mit der Mutter darüber sprechen, was man an der Familie väterlicherseits gern hat und umgekehrt, wenn man mit dem Vater über die Familie mütterlicherseits spricht, hört er nicht richtig zu, während er sehr aufmerksam zuhört – im Gegensatz zur Mutter –, wenn man ihm erzählt, was man getan hat, wenn man bei seiner Familie zu Besuch war. Daran merkt man, daß Vater und Mutter keine Geschwister sind. Am Anfang gibt es eigentlich keine Indizien dafür, daß sie keine Geschwister sind. Für uns war es gar nicht klar, zumal mein Vater die Mutter meiner Mutter »Mutter« – und umgekehrt – auch meine Mutter die Mutter meines Vaters so nannte. Jeder nannte natürlich seine jeweilige Mutter »Mutti«. Beide Familien stammten ursprünglich aus Paris. Aber sie lebten weder im gleichen Viertel, noch hatten sie den gleichen Lebensstil. In der Familie von Mutter herrschte ein großbürgerlicher Stil – sie lebte im sechzehnten Viertel von Paris – und bei Vaters Seite war es der Stil des gutsituierten, aber einfachen Bürgertums, sie lebten im vierzehnten Viertel. Bei meiner Mutter gab es Dienstboten, bei meinem Vater kochten die Frauen selbst, wobei sie für die schweren Arbeiten eine Hilfe hatten – eine Frau oder einen Mann, die stundenweise dort arbeiteten. Für uns Kinder war dies der einzige, wesentlichste Unterschied zwischen beiden Familien. Wenn wir in der Familie unseres Vaters etwas Gutes aßen, dann hatten es meine Großmutter oder meine Tante extra für uns zubereitet, während es in der Familie meiner Mutter völlig unwichtig war, was wir aßen, da alles von den Bediensteten gekocht wurde. Die Oralität hat uns in der Familie von unserem Vater mehr berührt, weil das Essen von Personen zubereitet wurde, die wir lieb hatten und die uns damit eine Freude machen wollten. In der Familie meiner Mutter waren wir mehr von der Etikette und den Tischgepflogenheiten berührt, als von dem Speiseverzehr selbst, da die Familie die Speisen nicht selbst zubereitete. Sie bestellten sie bei Leuten, die sie dafür bezahlten. In der anderen Familie wurde das Essen von den Familienmitgliedern selbst zubereitet. Das Kind empfand es als sehr rührend und gefühlvoll. Wir fanden es erstaunlich, daß Mutter bei der Familie von Vater nicht sehr gemocht wurde und daß die Familie von Vater wiederum von Mutter nicht gemocht wurde. Wir besuchten diese immer nur mit Vater allein, Mutter kam nicht mit, sie erfand immer irgendwelche Ausreden, weil sie die Leute für »gewöhnliche Leute« hielt. Sie fand sie zwar nicht »vulgär«, aber doch »gewöhnlich« – wie sie immer wieder erklärte. Es war schon irgend etwas dran, denn alle Mitglieder dieser Familie hätten Geschäftsleute oder Künstler sein können – übrigens war mein Onkel – der durch Heirat zur Familie gehörte – Graveur und seine Tochter, meine große Kusine, von Beruf Geigenspielerin. Aber am Tisch sprach man nur vom Braten, wie man ihn zubereitet hatte und davon, ob der Salat gut schmeckte; man sprach nur von der Art und Weise, wie man das Essen durchdacht, die Lebensmittel eingekauft hatte, von dem Preis der verschiedenen Speisen – und das geschah, während man aß. Beim Kaffee, der meist von mir serviert wurde (meine Tante half dabei), sprach man über alles, was mit dem Tisch oder mit dem Wein zu tun hatte (meine Großmutter väterlicherseits stammte aus der Bourgogne) oder über die Gerichte der »Saison«, es war der Hauptgesprächsstoff – wohingegen meine Mutter nicht gern über das Essen sprach. Ansonsten sprach man über die Kinder, unsere Leistungen in der Schule oder von den Proben meiner Kusine oder von deren Konservatoriumlehrer. Wir sprachen auch über Politik, aber da gab es immer Streit.

Meine Mutter hatte übrigens einen sehr guten Einfall: Sie hat für jeden ein Familienalbum zusammengestellt und zwar mit Bildern von den Vorfahren, den Eltern und von jedem von uns, seit der Kindheit an. Das ist sehr wertvoll – nicht nur für uns, als sie es uns ausgehändigt hat (ich hatte schon meine Kinder), sondern auch für die Kinder heute. In hundert Jahren wird es noch interessanter sein, da diese Photos die ersten Daguerreotypien waren. In der Familie meiner Mutter wurden alle von Anfang an photographiert, als sie noch ganz klein waren. Es gibt weniger Bilddokumente von seiten der Familie meines Vaters. Mutter hat all diese Bilder bei Kodak kopieren lassen und mit diesen Photoserien hat sie sechs identische Photoalben zusammengestellt, in denen die gemeinsame Vergangenheit enthalten war, und für jeden von uns hat sie die eigene Geschichte über die Photos von Geburt an rekonstruiert.

Gab es ein bestimmtes Zeremoniell beim Photographieren?

Es war so: Wir gingen zum Photographen – zunächst *»A l'enseigne de Nadar«*, später dann *»Chez Pierre Petit, élève de Nadar«*. Wir gingen geschlossen dorthin und saßen dann auf kleinen Polsterhockern ... aber sehr schnell ging meine Mutter dazu über, die Aufnahmen selbst zu machen. Sie hatte schon als junges Mädchen photographiert, als es damals diese großen Apparate mit den Platten gab. Meine Mutter hat viele Bilder aufgenommen – schon von frühem Alter an (sie ist auch sehr früh Fahrrad gefahren), und die meisten Bilder, die sie in ihrer Jugend aufgenommen hat, sind Amateuraufnahmen. Wir hatten im Grunde sehr wenig Photos, die vom Photographen aufgenommen wurden, die meisten Photos waren Amateurphotos. Einmal im Jahr – vor dem Krieg – gingen wir allerdings mit ihr zusammen zum Photographen. Später habe ich mit ihrem alten Photoapparat – ihrer Kiste mit den Platten – photographiert. Dieses Photo, auf dem meine Mutter und mein Vater beim Schachspielen zu sehen sind, habe ich mit Mutters altem Plattenphotoapparat aufgenommen. Meine Eltern spielten morgens und abends Schach, nach dem Mittag- und Abendessen. Sie sangen auch – allein oder im Duett und meine Mutter war außerdem eine gute Klavierspielerin.

Vor dem Krieg waren meine Eltern sehr fröhlich, sie waren es auch noch vor dem Tod meiner Schwester. Danach ist die Freude in unserem Haus wie durch einen Kerzenlöscher erstickt. Es war sehr, sehr hart. Nach Jacques' Geburt 1923 wurde zwar alles wieder besser, Mutter fand aus ihrer schlimmen Depression heraus, aber doch nie wieder zurück zu ihrem der ersten Eingebung folgenden und leidenschaftlichen Charakter – ebensowenig zu ihrer Begeisterung für die Musik, für die großen Gedankengebäude, den Patriotismus, die Wissenschaft und hier besonders die Medizin und die Biologie.

Wie hast Du die Geburt Deines Bruders aufgenommen?

Als Jacques geboren wurde, war ich 15 Jahre alt. Ich habe diese Geburt mit viel Freude aufgenommen, weil dieses Ereignis doch eine Erneuerung im Haus bedeutete. Dieses Kind brachte so etwas wie den Meereswind mit sich. Hinzu kam, daß mein ältester Bruder damals schon weg war, er war in Saint-Cyr. Ich war fünfzehn Jahre alt. Und obwohl meine Mutter sich ein blondes Mädchen mit blauen Augen gewünscht hatte und doch einen dunkelhaarigen Jungen mit braunen Augen bekommen hatte, tat sie nichts anderes, als das Kind zu stillen; und sie weinte bittere Tränen, weil das Kind kein Mädchen war, so daß ich mich meistens um Jacques kümmern durfte. Aber sie hat ihn gestillt. Uns alle hat sie ein Jahr gestillt, was bewundernswert ist, da die Mütter aus bürgerlichen Kreisen damals schon längst nicht mehr stillten. Aber das war eines der Prinzipien meines Großvaters mütterlicherseits: Eine Frau sollte ihrem Kind ein Jahr lang die Brust geben. Deshalb hat meine Mutter uns so lange gestillt, weil sie auf ihren Vater sehr fixiert war, und ich glaube, daß es schon eine Leistung ist, was sie fertiggebracht hat.

Und als ich mit sechs Monaten aufgrund einer Pneumonie beinahe gestorben wäre, hat mich meine Mutter dadurch gerettet, daß sie mich die ganze Nacht bei sich gehabt und an ihre Brust gedrückt hat, ohne mich einmal in meine Wiege zurückzulegen. Sie hat mich wirklich gerettet. Das war, nachdem mein erstes Kindermädchen – eine Irländerin aus gutem Hause, die aber kokainsüchtig war, was meine Mutter nicht gemerkt hatte – uns verlassen hatte. Im Laufe meiner Psychoanalyse habe ich die ganze dramatische Geschichte noch einmal erlebt, sonst hätte ich sie nie erfahren. Während meiner Psychoanalyse drehten sich meine Träume immer wieder um Erinnerungen, die mit einer »rue Vineuse« in Zusammenhang standen – und das war sehr merkwürdig, denn es war im Traum so, als würden an diesem Ort Orgien ähnlich wie im Film »Quo vadis« gefeiert werden, ich sah einen Vorhang aus stark riechenden roten Haaren; dahinter waren Tischdecken verborgen, auf denen Champagnergläser standen. Eines Tages sagte mir mein Psychoanalytiker: »Fragen Sie Ihre Mutter, ob das Wort »rue Vineuse« sie an irgend etwas erinnert.« Ich habe meine Mutter gefragt und sie war sehr erstaunt; ich habe ihr erklärt, daß ich während meiner Psychoanalyse viele Träume um die »rue Vineuse« hatte und daß der Psychoanalytiker dachte, daß dies mit irgend etwas aus meiner Frühkindheit zu tun hätte. »Gab es damals in der rue Vineuse irgend jemanden, bei dem wir ziemlich oft zu Besuch waren?« Sie war sowieso nie damit einverstanden gewesen, daß ich eine Psychoanalyse machte, aber an jenem Tag war sie völlig verblüfft. Sie hat mir gesagt: »Es ist unglaublich, was Du mich da fragst, denn als Du ein Baby warst, stand Dein Kinderwagen oft vor einem Hotel in der rue Vineuse, das wissen wir von daher, weil wir das Kindermädchen, das damals auf Dich aufpaßte, haben beschatten lassen.« Schmuckstücke und Kleider von Mutter verschwanden oft und tauchten plötzlich wieder auf. Sie konnte es sich nicht erklären und dann sagte sie sich schließlich: »Ich muß mich getäuscht haben...« Sie besaß einen »Diamantenfluß« (das ist eine längliche Brosche mit Diamanten hintereinander), diese Brosche wollte sie eines Abends zum Ausgehen anziehen, fand sie aber nicht mehr. Dieses Schmuckstück war das kostbarste Hochzeitsgeschenk, das sie bekommen hatte. Sie war darüber sehr erschüttert, mein Vater ebenso. Aber es war nichts zu machen, die Diamantenbrosche war nicht mehr da. Sie haben den Verlust angezeigt, die Polizei ist der Sache nachgegangen und hat alle Personen, die bei uns zu Hause wohnten, beschatten lassen. So kam heraus, daß ich nicht zum Ranelagh-Park gefahren wurde, sondern daß man mich in meinem Kinderwagen vor einem Hotel der rue Vineuse stehen ließ. Ich wurde von der jungen Irin, die sich um mich kümmerte, dahingefahren. Sie war ein sehr nettes Mädchen, das mich vergötterte. Sie sprach ein sehr gutes Englisch und Mutter war mit ihr sehr zufrieden, da sie mit diesem Mädchen aus gutem Hause – sie war die Tochter eines Richters und die Schwester eines Rechtsanwalts – ihr Englisch auffrischen konnte. Das Mädchen hat furchtbar geweint und Mutter nicht nur den »Diamantenfluß«, sondern auch andere Schmuckstücke unversehrt zurückgegeben. Sie fiel vor Mutter auf die Knie und bat sie um Verzeihung, dabei sagte sie ihr: »Ich bin keine Diebin, ich hätte sie Ihnen zurückgegeben, ich wollte nur schön sein, darum habe ich Ihre Kleider angezogen...« Sie verkleidete sich also mit den Kleidern und dem Schmuck meiner Mutter, um zu diesem Hotel zu fahren – einem luxuriösen Umschlagplatz für Kokain, wie uns die Polizei berichtete; sie war drogensüchtig. Sie wollte unbedingt bei uns bleiben, sie versprach meinen Eltern, nicht mehr auszugehen... aber Mutter vertraute ihr nicht mehr. Ihr wurde nur versprochen, ihrer Familie in Irland nichts davon zu erzählen – ihr Vater und ihr Bruder hatten sie nach Frankreich geschickt, damit sie vernünftiger wurde und andererseits Französisch lernte. Sie hatte sehr früh ihre Mutter verloren. Ich denke, daß ihre pseudomütterliche – »himmlische« – Bindung an diese kleine Lebenskugel, die ich war, sicherlich damit zusammenhing. Um ihrer Familie gegenüber ihre plötzliche Rückkehr zu erklären, hat meine Mutter nur geschrieben, daß sie das Mädchen nicht mehr bräuchte. Sie war meiner Mutter sehr dankbar dafür, wie mir berichtet wurde, denn sie schrieb ihr zwei oder drei Briefe, in denen sie sich auch nach mir erkundigte.

Drei Tage nachdem meine Mutter sie von heute auf morgen zu ihrer Familie zurückschickte, hatte ich eine doppelte Lungenentzündung. Zweifelsohne war es eine Reaktion darauf, daß mir dieses Mädchen, das mich, wie es hieß, vergötterte, entrissen wurde. Aber merkwürdigerweise hat weder meine Mutter noch unser Arzt meine Krankheit mit dem Weggehen der Irin in Verbindung gebracht.

Mutter erzählte mir, daß sie einmal – das war lange vor der Geschichte mit dem Beschatten durch die Polizei –, als wir alle vier auf ärztlichen Rat hin im April oder Mai auf dem Land in der Nähe von Paris zur Erholung waren, da wir alle Keuchhusten gehabt hatten – wir hatten eine Villa für zwei Monate gemietet (es war, glaube ich, in Ville-d'Avray; ich war im November geboren, also war ich damals etwa fünf oder sechs Monate alt), daß sie uns also einmal verlassen mußte, weil sie an einem Nachmittag nach Paris fahren mußte: als sie für meine Brustmahlzeit zurückkam, sah sie, daß ich ganz in blau angezogen war: blaues Kleidchen, blaue Socken und Schuhe, blaue Mütze, alles war blau gefärbt worden! »Blau steht ihr so gut, sie sieht so schön aus, wie ein Engel im Himmel« sagte das verrückte Kindermädchen zu meiner Mutter, die es zwar schon irgendwie lustig fand, aber im Grunde wütend war. Man erzählt, daß auch ich diese Irin vergötterte; aber meine Mutter konnte sich nicht einmal an ihren Namen erinnern. Übrigens habe ich Englisch früher gesprochen bzw. verstanden, als Französisch: Meine Eltern mußten mit mir Englisch sprechen, damit ich lachte und auch verstand, was sie mir sagten – so sehr beeinflußte mich die Liebe dieses Mädchens! Vielleicht ist dies auch der Grund, warum ich – in den Augen der Familie – so originell bin: vielleicht liegt es tatsächlich an diesen acht Monaten, in denen ich von dieser begabten, künstlerisch aufgeweckten, andererseits sich völlig verloren fühlenden jungen Irin so viel Liebe bekommen habe. Aber das kann man nie wissen.

Es ist schon merkwürdig, daß dies erst durch die Psychoanalyse herauskam. Ohne diese wieder aufgefrischten Erinnerungen meiner Mutter, die von mir darüber befragt wurde, welche Rolle der Name einer Straße in einem bestimmten Stadtteil in meinem Leben gespielt hat, hätte ich nichts von der in den Träumen und Phantasmen zurückbleibenden Realität verstanden. Im Grunde geht es in der Analyse darum, dieses Ganze, das Erlebte, das im Unbewußten zurückgeblieben und nichtgesagt, verdrängt war, zu entziffern. Das Kind erlebt in seiner eigenen Zeitbegrifflichkeit wichtige Ereignisse mit seinen Eltern, aber davon behält es wirkliche Spuren oder bruchstückhafte, wie auf einem Photo festgehaltene Erinnerungen nur in einem beängstigenden Raum, für den allein die Erwachsenen den Schlüssel haben.

Es geht also noch immer um Raum und Zeit als Geheimnis...

Ich habe schon von den Taxis erzählt, mit denen wir große Reisen unternahmen oder in die Ferien fuhren. Wir hatten zu Paris, das wir verließen, eine außergewöhnliche Beziehung: Wir fuhren immer dieselbe Strecke von Zuhause zum selben Bahnhof. Aber die täglichen Strecken, die wir zu Fuß, mit dem »Omnibus« oder – allerdings damals sehr selten – mit der U-Bahn zurücklegten, brachten viel differenziertere Raumprobleme mit sich, da wir sie wie Flohsprünge erlebten, die uns verunsicherten.

Ich kann mich an die Zeit sehr gut erinnern, als ich ganz klein war und unsere Hauslehrerin zu uns kam – es war unmittelbar vor dem Krieg. Ich mußte dauernd bei ihr und den Großen bleiben, weil die Dienstmädchen und das Kindermädchen, das sich um Philippe kümmerte – er war vier Jahre jünger als ich – mich nicht mehr ertragen konnten. Nur Suzanne, die Dame, die an zwei Tagen in der Woche zum Nähen zu uns kam, hielt es mit mir aus. Ich war zu lebhaft, ich konnte nicht ohne

Beschäftigung bei ihnen sitzen bleiben: ich wollte etwas tun, ich stellte Fragen, ich war zu neugierig. »Fräulein« kam also zu uns, als ich viereinhalb Jahre alt war, und ab diesem Zeitpunkt bin ich immer mit ihr spazierengegangen. Zunächst kam sie nur in den Ferien zu uns, um Mutter zu helfen; dann blieb sie das ganze Jahr über, um die Großen zu betreuen. Sie war Luxemburgerin. Sie war die Hauslehrerin der jüngeren Schwester meiner Mutter gewesen und war noch in der Familie, als sich meine Mutter und mein Vater kennenlernten und dann später heirateten. Sie war kaum älter als meine Mutter und erzählte humorvoll, daß sie 1899 die Anstandsdame gespielt habe, da sie zehn Schritte hinter meinem Vater und meiner Mutter herlaufen mußte, als diese verlobt waren (sie haben im Jahre 1900 geheiratet) und auf der Straße zusammen ausgingen. Ein Mann und eine Frau, die nicht verheiratet waren, durften nicht miteinander ausgehen. Denn es gab zu viel Klatsch. »Fräulein« war also unsere Hauslehrerin, aber auch eine Freundin der Familie. Jacques hat ihr viel später den Spitznamen »Mémé« gegeben. Ich erinnere mich sehr gut daran, daß ich »Fräulein« ängstlich fragte: »Kennen Sie eigentlich den genauen Weg, um nach Hause zurückzukehren?« Ich war so müde, wenn wir nach Hause zurückkamen, wir liefen schnell, wir gingen weit weg von Zuhause ins Pariser Zentrum und ich dachte: »Es ist wirklich ein Wunder, daß die Erwachsenen den Weg zurückfinden, nachdem sie einen Ort verlassen haben.« Man versteht in diesem Zusammenhang den kleinen Däumling sehr gut[1]. Genauso ist die kindliche Logik: Der Rückweg muß durch bestimmte konkrete Anhaltspunkte erkennbar sein, denn das Kind kann sich einen Stadtplan nicht vorstellen; darum fühlt es sich meist in einem neuen Raum verloren, weil es nicht richtig weiß, wie es den aktuellen Raum, in dem es sich befindet, mit dem Raum, den es vor zwei Stunden verlassen hat, verbinden kann. Dies umsomehr, wenn das

1 Das französische Märchen vom kleinen Däumling ist mit »Hänsel und Gretel« vergleichbar. Däumling wurde im Wald ausgesetzt. Um den Weg nach Hause zurückzufinden, hatte er beim Laufen Brotstückchen bzw. Steinchen hinter sich geworfen. (Anm. der Übers.)

Kind ein Verkehrsmittel benutzt. Vor den Straßenbahnen hatte man den »Omnibus mit sechs Pferden«, man nannte dieses Verkehrsmittel »Omnibus«. Die Omnibusse hatten ein »Verdeck«, d. h. Sitze mit Reisenden auf dem Dach. Später fuhren die Oberleitungsomnibusse, die elektrisch »gezogenen« Straßenbahnen und dann um 1930 herum die Benzinautobusse. In dem Moment, wo ein Kind in solch einen Wagen gesetzt wird, findet es nicht mehr die gleichen Markierungen, die es hat, wenn es zu Fuß geht; und wenn der Wagen an irgendeinem Ort hält, gibt es gar keinen Zusammenhang mehr zwischen diesem Ort – dem Stadtteil also, wo der Omnibus das Kind mit der erwachsenen Person, die es begleitet, absetzt – und dem Ort, wo sie eingestiegen sind, d. h. dem bekannten Ort, den sie verlassen haben. Da das Laufen der ganzen Strecke gefehlt hat, wird die Sache für das Kind noch geheimnisvoller. Denn alles befindet sich plötzlich in einer anderen Welt. Ich erinnere mich sehr genau an diese verschiedenen Räume, die keine Beziehung zueinander hatten. Schließlich kamen wir dann abends zu Hause an und es war mir ein absolutes Rätsel, wie der jeweilige Erwachsene den Weg wußte, auf dem wir nach Hause zurückkehren konnten.

Später kommt dann die Phase des »wenn ich größer bin...« Dieses »wenn ich größer bin...«, artikuliert im Grunde alles, was wir am Verhalten der Erwachsenen merkwürdig finden und später nicht nachmachen wollen. Ich empfand den Erwachsenen gegenüber nie das Gefühl, ich müßte sie tadeln. Ich stellte nur das Merkwürdige an ihnen fest. Ich sagte nicht, daß sie richtig oder falsch gehandelt hätten, ganz bestimmt nicht. Ich warf ihnen eigentlich nichts vor, denn ihr Verhalten war selbstverständlich, sie waren nun mal so, es entsprach ihrer Art. Nur fand ich sie einfach sehr seltsam. Ich fragte mich, wie das nur möglich war, daß die gleichen Leute, die früher klein und dann groß geworden waren, so seltsam sein konnten, da sie auch einmal Kinder gewesen sind. Und ich sagte mir: »Wenn ich größer bin, werde ich versuchen, mich daran zu erinnern, wie es ist, wenn man klein ist.« Eine sehr wichtige Sache, die mir geholfen hat, in der Realität zu leben, war die Kinderzeitung, die alle acht Tage erschien. Das war übrigens auch noch ein Ereignis, das die Woche zeitlich prägte, nämlich wenn die Zeitung *»La semaine de Suzette«* kam. Vor dieser Zeitung, in der Kinder wie ich zu sehen waren, gab es Zeitungen mit Kindern aus alten Zeiten. Sie waren schön gebunden, die Kinderzeitungen meiner Eltern, beziehungsweise meiner Mutter bei meiner Großmutter. Und dann gab es auch sehr alte kleine Bücher bei meiner Urgroßmutter, die aus der Kindheit meiner Großmutter stammten. Kulturell gesehen war es sehr wichtig, daß es Bücher und Zeitungen gab, die schon 1870 publiziert wurden und in denen man Bilder von Kindern sehen konnte, die so angezogen waren, wie auf den Photos meine Großeltern, als sie jung waren und vor allem meine Eltern, als sie Kinder waren. Für mich sind diese Zeitungen mit ihren vergilbten Seiten ungeheuer bedeutend gewesen; sie erzählten Geschichten für Kinder, die mich genauso interessierten, wie sie wahrscheinlich meine Eltern interessiert hatten, als sie klein waren; sie haben dazu beigetragen, daß ich einen emotionalen Bezug zur Gesellschaft bekam. Die Gesellschaft hatte daran gedacht, Zeitungen für Kinder herauszugeben, Geschichten zu erzählen, diese mit Zeichnungen zu illustrieren, um die Kinder zu interessieren, die ähnlich waren wie ich, denn sie interessierten sich für die gleichen Dinge. Ich fand es sehr gut, empfand es als eine richtige Stütze für das Leben, daran zu denken, daß es Leute gab, die außerhalb unserer Familie Kinder verstanden, und beschloß, daß ich so jemand werden wollte. Ich wußte es schon sehr früh, denn ich sagte bereits mit acht Jahren, daß ich »Erziehungsärztin« werden wollte. Die Familie fragte mich, was dies wohl für einen Beruf abgeben soll und ich antwortete: »Ich weiß nicht, aber er müßte existieren.« Ich kam darauf, weil bei uns zu Hause die Kleinen oft mit psychosomatischen Symptomen reagierten, wenn irgendetwas stattfand, z. B. zwischen der Engländerin und der Köchin. Philippe mußte sich übergeben, André hatte einen Pseudokruppanfall. Ich aber wußte, daß es wegen irgendeiner Geschichte war, ich wußte meistens, im Gegensatz zu Mutter, was eigentlich vorgefallen war. Man holte den Arzt, der sagte, das Kind müsse eine Diät machen, es dürfe nicht essen und nicht herausgehen. Und das Kind ärgerte sich furchtbar darüber, nicht essen zu dürfen, weil es angeblich krank war und sich übergeben hatte. Dabei war es überhaupt nicht krank, sein Unwohlsein war nur emotional bedingt. Das Resultat war, daß eine Kettenreaktion eintrat, sich das Kind schlecht benahm beziehungsweise auch die Engländerin alles abstritt, weil sie sich schuldig fühlte: sie hatte getrunken (die Engländerinnen tranken überhaupt viel) und meine Mutter wußte nichts davon. Ich dagegen wußte ganz genau, was los war: sie hatten Kölnischwasser, Whisky oder weiß ich was getrunken, sie hatten ihre *little bottles* dabei, Flaschen, die sie in den Kinderkleidern versteckten. Sie waren dann nicht besoffen, aber komisch, seltsam, in ihrem Verhalten einfach ungewöhnlich. Ich wußte zwar nicht, was das bedeutete, doch fand es wirklich komisch. Das Ergebnis aber bestand darin, daß das Kind krank war und der Arzt kommen mußte. Und anstatt zu sagen: »Es liegt nur daran, daß es um ihn herum Streitigkeiten gab«, hat man die Ursache beim Kind gesucht, es durfte nicht mehr essen, nicht hinausgehen. Und dann machte man sich Sorgen um uns alle, ob auch wir nicht irgendeine Krankheit ausbrüteten, ob es nicht irgendeine »Inkubation« von dieser oder jener Krankheit wäre – wie man es damals nannte. Und es wurde Fieber gemessen, weil der Bruder sich übergeben und das Kindermädchen Kölnischwasser getrunken hatte. Das rief also regelrechte Kettenreaktionen hervor, die für die ganze Familie lästig waren. Auf jeden Fall wußte ich, was vorgefallen war und ich sagte mir: »Ich möchte später Erziehungsärztin werden.« Eine Ärztin, die weiß, daß Kinder bei bestimmten Vorkommnissen in ihrer Erziehung mit Krankheiten reagieren können, die zwar keine echten Krankheiten sind, die aber den Familien Unannehmlichkeiten bereiten und das Leben der Kinder, das so friedlich sein könnte, verkomplizieren. Und wenn man so will, ist es ein bißchen das, was ich auch gemacht habe.

Alles in allem hast Du eine in der Familie eingesperrte Kindheit gehabt.

Ich hatte keine Freunde. Ich bin nicht vor sechs Jahren in die Schule gegangen und als ich hinging, war es nur für eine oder zwei Stunden – und unsere Hauslehrerin saß immer hinter uns. Wir machten unsere Hausaufgaben allein »am Tisch« in dem *Cours Sainte-Clotilde* und wir sagten auch die Lektionen der Woche vor, um zu beweisen, daß wir zu Hause gelernt hatten. Ich arbeitete also allein, »Fräulein« kontrollierte mich diskret und auf eine kluge Art und Weise. Sie half mir nur, wenn ich sie darum bat. Sie war pädagogisch äußerst geschickt. Abgesehen von einem beziehungsweise zwei Kursen in der Woche, wodurch das offizielle Programm in Mathematik und Sprache abgedeckt war, hatte ich noch Englischunterricht zu Hause. Die Englischlehrerin verbrachte einen Nachmittag mit uns allen zusammen und wir tranken einen englischen Tee mit ihr, »Fräulein« und Mutter.

Nie habe ich woanders gegessen, immer nur bei meiner Mutter oder meiner Großmutter – und dies, bis ich fünfundzwanzig Jahre alt wurde. Ich bin zwar manchmal bei einer Freundin eingeladen worden, als ich zwölf oder dreizehn war, aber immer nur zum Kaffee, nie zum Mittagessen. Wenn ich bei Agnès zum Kaffee war – sie war eine Freundin, die ich in der Schule kennengelernt hatte –, war das schon außergewöhnlich. Agnès, die ins Kloster ging, als wir beide achtzehn Jahre waren, hatte ich nur kennengelernt, weil ihre Mutter meine kannte und ihre ältere Schwester in der Schule in der gleichen Klasse war, wie meine ältere Schwester Jacqueline. Agnès' Mutter wollte diese daran hindern, ins Kloster zu gehen, für das sich Agnès berufen fühlte, was ich übrigens nicht wußte. Wie man mir sagte, zählte sie auf mich, daß ich ihr diese Idee aus dem Kopf schlage. Agnès hatte unsere Schule ziemlich früh verlassen und ihre Ausbildung im *Couvent des Oiseaux* weitergeführt, weil dort eine Nonne war, in die sie vernarrt war – zweifelsohne war sie wohl auch eine gute Pädagogin. Sie ist dort geblieben.

Kurzum, ich war nie bei einer Freundin zum Essen. Wir durften übrigens auch keine Freunde haben, es hieß, wir wären in der Familie zahlreich genug. Am Strand durften wir nicht mit den anderen Kindern spielen. Es gab zu jener Zeit keinen »Klub« für Kinder am Strand. Was die Gymnastik betrifft, ein Lehrer – Mann oder Frau – kam einmal in der Woche zu uns und meine Mutter achtete darauf, daß wir an einem anderen Tag in der Woche die vom Lehrer angegebenen Übungen wiederholten. In den Ferien spielten wir Tennis – wir hatten schon mit zwölf Jahren damit angefangen –, ohne jedoch Tennisstunden zu nehmen. Meine Mutter und »Fräulein« hatten schon um 1900 herum Tennis gespielt. Wir machten auch Radtouren, aber immer nur in den Ferien. Ich habe erst mit achtzehn selber Sport getrieben, und zwar Leichtathletik in einem öffentlichen Stadion – und das nur weil die Kleinen, Philippe und André, schon mal dort waren. Aber ich nahm Privatunterricht, weil ich abnehmen wollte!

Ich durfte erst mit achtzehn Jahren allein ausgehen, ich bin sehr wenig weggewesen; ich hatte auch nie Geld, keinen Pfennig, deshalb konnte ich auch nichts unternehmen. Meine Mutter gab mir Fahrkarten für den Bus und ich fuhr nie allein mit der U-Bahn. Ich fuhr allein mit dem Bus zu meinem Gesang-, Geigen- oder Sportunterricht, allerdings erst als ich zwanzig war. Meine Mutter hatte Angst, daß ich in den öffentlichen Verkehrsmitteln jemanden kennenlernen könnte. Zur Schule, die recht weit weg war, ging ich zu Fuß, aber ich ging nur zweimal in der Woche zur Schule und »Fräulein« holte mich meistens ab oder brachte mich hin. Das Geld war für mich ein wirkliches Problem. Wenn ich Bücherpreise bekam, weil ich gute Noten hatte, bekam ich etwas Geld, aber dieses Geld war so wenig, daß ich damit gerade eine Kinderzeitung kaufen konnte, das war alles. Die Kinderzeitungen machten mir sicherlich eine große Freude; ich hatte die alten, gebundenen Zeitungen der Familie und dann wünschte ich mir zum Jahresende die *Semaine de Suzette* als gebundenes Exemplar. Einmal fragte mich zum Glück meine Großmutter, ob ich ein Abonnement haben wollte. Ab diesem Zeitpunkt bekam ich sie regelmäßig. Und dann gab es noch das *l'Echo de Paris*, die Zeitung der Eltern, die jeden Sonntag ab 1920 eine Seite für Kinder herausgab – ich war damals zwölf Jahre alt. Alle acht Tage fand ein Wettbewerb statt, an dem ich teilnahm, und ich habe so oft gewonnen, daß man mich ausschließen mußte. Ich bin zu dem *L'Echo de Paris* am Place de l'Opéra – von »Fräulein« selbstverständlich begleitet – hingegangen, um meinen Preis entgegenzunehmen. Dort war Jaboune (Jean Nohain), der damals noch ein sehr junger Mann und für die Kinderseite beim *L'Echo de Paris* zuständig war. Ich hatte dreimal hintereinander den ersten Preis gewonnen, man mußte übrigens Zeichnungen zu einem bestimmten Thema anfertigen. Das letzte Thema war: »Wie stellen Sie sich Jaboune vor?« Ich hatte eine kleine Büste aus Ton, den ich in der Nähe der Schule gekauft hatte, modelliert. Er sagte mir, daß ich von nun an Ehrenteilnehmerin sein würde, damit die anderen auch mal gewinnen.

Wie alt warst Du, als Du Deine Radios konstruiert hast?

Ich habe sehr früh damit angefangen, bevor die Detektoren in den Handel gebracht wurden; das war kurz nach dem Krieg. Wir gingen zu einem Uhrmacher, der einen winzigen Laden besaß (der Schuster war auch so ein winziger Händler gewesen). Wenn der Uhrmacher eine Uhr richtig stellte, hängte er seinen Hörer ab, er hatte selbst seinen kleinen Detektor, und bekam die Uhrzeit des Eiffelturmes. Er hat mich auf die Idee gebracht, mir selbst einen Detektor zu basteln. Ich war zehn Jahre alt. Und dann bekam ich etwas Geld durch meine guten Schulzeugnisse. Wenn ich Klassenbeste war, bekam ich einen Franc. Ein Franc war schon viel: Wenn man fünf Francs hatte, konnte man sich damals schon einiges kaufen. Ich bekam auch manchmal ein bißchen Geld zum Geburtstag und zu Neujahr. »Fräulein« kaufte sich Strümpfe für neunzehn Sous, also weniger als einen Franc. Eines Tages hatte ich mit meinem Geld das Buch *Le Petit Sans Filiste*[1] gekauft. Darin wurde erklärt, wie man einen drahtlosen Telegraphie-Detektor fabrizieren konnte. Von »Fräulein« begleitet – die einerseits gespannt war und andererseits sich darüber lustig machte – ging ich zu einem Laden, der *Pigeon Voyageur*[2] hieß, und der sich noch immer am Boulevard Saint-Germain befindet, um dort die Teile, die in dem Buch angegeben wurden, zu kaufen. Das machte zusammen eine ganz schöne Summe; aber ich hatte alle Leute vorher gebeten, mir zum Jahresende statt der Geschenke Geld zu spendieren. Dann habe ich einen Lamellenkondensator fabriziert. Man tauchte die Lamellen ins Paraffin, dann wurden sie in zwei vertikalen Reihen übereinander zusammengebaut, so daß sie ineinander einrasten oder sich lösen konnten, und damit erzeugte man den Ton. Warum es eigentlich funktionierte, wußte ich nicht. Ich habe das angegebene Schema nur umgesetzt und das klappte wunderbar.

Es war zu der Zeit, als man statt telegraphischen Morsezeichen drahtlose Telephonie zu senden begann; es war wirklich phantastisch. Es war schon, bevor die drahtlose Telephonie ihre Anfänge kannte, daß ich diesen Detektorapparat gebaut hatte, um die drahtlose Telegraphie zu hören, bei der man die Zeit bekam. Damals gab es insgesamt mehr Telegraphie als Telephonie. Zunächst habe ich Morsezeichen mit meinem Apparat gehört. Ich habe gelernt, die Morsezeichen nur durch das Hören zu entziffern, ich konnte es mit Hilfe des Larousse-Lexikons herauskriegen, in dem die Zeichen »Punkt-Strich« erklärt wurden. Und dann kam die drahtlose Telephonie. Nachts hörte ich die Amerikaner. Ich habe auch alle Lieder von *Bruant* gehört, die von einem damaligen Sänger (der angeblich blind war) vorgetragen wurden. Es waren Lieder von der »Schwarzen Katze« oder dem »Flinken Hasen«: das alles hörte ich zwischen neun Uhr abends und zwei Uhr morgens in meinem Bett und natürlich gut versteckt. Das war vor allem in der

1 Le Petit Sans Filiste — Der kleine Drahtlose
2 Pigeon Voyageur — reisende Taube
(Alle Anm. v. der Übers.)

Zeit nach dem Tod von Jacqueline. Aber ich hatte meinen Detektor schon, als sie noch lebte.

Hinzu kam, daß ich meinen Cousin Tiny, den Sohn von Mutters Schwester, im Sommer traf; dessen Vater, der Onkel Etienne Oehmichen, war Erfinder, er hatte unter anderem einen Hubschrauber erfunden. Sie wohnten in Valentigney im Doubs und sprachen stets von Autos, Flugzeugen und Hubschraubern. Er hatte mir auch den Tip gegeben, daß ich mit dem »Petit Sans-Filiste« meinen Radioapparat bauen könnte. Und ich hatte meinen Apparat gebaut, der, wie gesagt, gut funktionierte. Alle Leute waren sehr verblüfft. Ich hatte auf dem Balkon eine Antenne installiert: es waren zwei Besenstiele mit Porzellanisolierungen und einem Draht, der durch das Fenster zu meinem Apparat hinführte. Ab dem Alter von zwölf Jahren hatte ich immer ein Radio. Später baute ich mir dann eines mit Röhren. Ich war immer eine Null in theoretischer Physik, ich habe bei der Physikprüfung im Mündlichen eine Sechs bekommen, weil ich irgendeine Geschichte über Kerzen, Strahlen und Spiegel nicht richtig erklären konnte, aber bei dem praktischen Teil derselben Prüfung bekam ich als Thema die Röhre von Crooks, die TSF-Röhre. Ausgesprochen ich, die ich einen Radioapparat mit einer Crooks-Röhre gebaut hatte, der »Überlagerungsempfänger« genannt wurde ... hatte dieses Thema bekommen! Ich war, was die »Physik-Küche« betraf, sehr gut. Ich brauchte die Berechnungen nur anhand der Montagen, die ich zusammenbastelte, durchzuführen, während die anderen alles auswendig konnten, was man sozusagen finden sollte – aber sie konnten nicht bauen, herumprobieren, ausprobieren, ob irgend etwas funktioniert und Zahlen, die man herausbekommen hatte, an mehr oder weniger präzisen Geräten überprüfen. Ich kümmerte mich wenig um die Theorie; ich fabrizierte und registrierte das, was ich festgestellt hatte, auf den verschiedenen Kontrollparametern. Das Ergebnis war, daß ich für das Physikpraktikum eine Eins bekam, bei der theoretischen Physikprüfung dagegen eine Sechs! Dieser TSF-Apparat war für mich wie ein offenes Tor zur Welt, weil ich Musik, auch die neueste, die von den USA kam, hören konnte, Gershwin zum Beispiel. Das war hinreißend!

Ich machte auch selbst viel Musik. Zu Hause spielten wir jeden Abend zusammen Kammermusik. Meine ganze Kindheit habe ich Musik gemacht; ich spielte zunächst Klavier, meine Schwester spielte Geige, mein älterer Bruder Pierre Cello und der andere Bruder Jean hatte mit mir Klavier angefangen, dann spielte er Querflöte. Ich hatte damals Lust, ein anderes Musikinstrument zu spielen als Klavier. Ich wollte eigentlich Harfe spielen, aber als meine Schwester starb, sagte mir meine Mutter: »Spiele doch Geige, da Deine Schwester nicht mehr da ist.« Und ich lernte das Geigenspiel. Jeden Abend trafen wir uns, um zusammen zu spielen. Wenn zu Hause gefeiert wurde – vor allem vor dem Krieg, denn nach dem Krieg kam es vielleicht ein- oder zweimal vor – engagierte meine Mutter einen Künstler oder sie organisierte ein Duo oder ein Trio und nach dem Essen wurden die Türen zum Wohnzimmer geöffnet, in dem die Künstler spielten und man hörte sich zwei Stunden lang Musik an. In dieser Art waren die Feste zu Hause – entsprechend den Traditionen, die eigentlich aus Süddeutschland kamen, denn der Vater meiner Mutter stammte ursprünglich von einer Intellektuellenfamilie aus Württemberg. Das Hauptvergnügen war die Musik. Wir spielten also jeden Abend mit der Familie zusammen Kammermusik. Und sobald ich achtzehn oder neunzehn wurde, spielte ich jeden Sonntag in einem Orchester mit. Wir übten die ganze Woche, um in einem kleinen Amateurorchester zu spielen. Ich mochte es sehr, allerdings hatte ich dort keine Freunde, es gab keine privaten Beziehungen. Wir begrüßten uns, spielten und gingen weg. Aber wir kannten uns nicht.

Es war letzten Endes ein sehr strenges Leben zu Hause; aber es war auch ein Leben voller Beschäftigungen, so daß ich diese Strenge nicht richtig wahrnahm. Ich wartete ganz einfach nur darauf, fünfundzwanzig Jahre alt zu werden, damit ich mit meinem Medizinstudium beginnen konnte. Meine Eltern hatten mir gesagt: »Wenn Du fünfundzwanzig bist, kannst Du machen was Du willst.« Also wartete ich darauf, fünfundzwanzig zu werden. Ich langweilte mich nicht, ich war immer beschäftigt und war mit meinen Händen übrigens sehr geschickt. Wenn die Köchin krank war, nahm ich das Kochbuch in die Hand und kochte an ihrer Stelle. Ich war sehr froh, das alles zu lernen. Ich lernte auch das Nähen, weil ich Spaß daran hatte und eines Tages darum gebeten habe, einen Nähkurs mit einem richtigen Lehrer zu bekommen, um das Zuschneiden zu lernen. Sofort fand meine Mutter eine Lehrerin für mich, die alle vierzehn Tage zu uns kam. Diese Lehrerin sagte mir: »Aber liebes Fräulein, Sie sind meine beste Schülerin (sie unterrichtete in den Berufsschulen der Stadt Paris), Sie sollten unbedingt die Nähprüfung der Berufsschule ablegen.« Erst später habe ich das Abitur gemacht. Ich war sehr früh mit der Schule fertig gewesen, mit sechszehn hatte ich die *Sainte-Clotilde* verlassen und wechselte über ins Gymnasium. Das letzte Jahr auf der Schule – ich war in der Philosophie-Klasse – habe ich auf dem Molière-Gymnasium verbracht, weil die kleine Schule, auf der ich war, nur bis zur zwölften Klasse ging. Das war das einzige Jahr, in dem ich ein Gymnasium besuchte und jeden Tag mit Mädchen meines Alters zusammen gewesen bin. Es war für meine Mutter ein Drama, daß ich Abitur machte. Schon nach dem »ersten Teil« des Abiturs – wie man es damals nannte – gab es Schwierigkeiten. Beim zweiten Teil (es war ein Philosphie- oder Mathematikabitur) wollte meine Mutter, daß ich aufhöre: »Du kannst vielleicht studieren, wenn Du willst, aber mach bitte nicht das Abitur. Bitte nicht. Ein Mädchen mit Abitur kann nicht mehr so leicht heiraten!« Und daran glaubte sie wirklich. Meine älteren Brüder stimmten ihr zu. Mein Vater sagte zu meiner Mutter: »Glaube mir, Suzanne, man sollte nicht so rückständig denken; da Françoise das Lernen so leicht fällt und sie den Wunsch hat, das ganze Abitur zu machen, sollte sie es auch tun. Man sollte sie nicht daran hindern, denn man kann nie wissen, was die Zukunft mit sich bringt. Schau Dir all diese Frauen an, die Kriegswitwen geworden sind... Man kann eben nie wissen. Natürlich muß ein Mädchen heiraten und Kinder bekommen, aber wenn es allein bleibt, muß es ja einen Beruf haben...« Das waren eigentlich meine Argumente, ich hatte sie meinen Eltern eingehämmert. Mein Vater war einverstanden. Meine Mutter wußte rational schon, daß diese Argumente richtig waren, aber aufgrund ihrer prinzipientreuen, traditionellen Vorstellungen, die Widerstand gegen den Fortschritt, Angst vor dem »Über-Ich« und Furcht vor dem »schlechten Ruf« bedeuteten, sträubte sie sich dagegen. Mädchen vom »guten Hause« sollten nicht an den Universitäten dauernd mit Jungen verkehren, denn sie gingen ihrem Untergang entgegen.

Nachdem ich mein Philosophie-Abitur bestanden hatte, unterbrach ich erst einmal meine Ausbildung. Ich wartete einfach ab. Ich konnte alles tun, was ich wollte, allerdings mußte alles zu Hause stattfinden und ich blieb dabei allein. Und als ich darum bat, die Prüfung der Nähschule ablegen zu dürfen, war es für meine Mutter ein Abstieg, während dies für mich im Gegenteil eine Sicherheit bedeutete, eines Tages Geld verdienen zu können, um meine Familie zu verlassen und das zu tun, was ich wollte: eben Erziehungsärztin werden. Unschuldig wie ich war, dachte ich, daß ich mit einer Teilzeitbeschäftigung als Näherin meinen Lebensunterhalt bestreiten und mein Medizinstudium finanzieren könnte. Ich habe Suzanne – die junge Näherin, die mir das Nähen beibrachte – noch in Erinnerung, wie sie von ihrem Verlobten erzählte, der Soldat war und – wie mein Onkel auch – im Krieg gefallen ist. Beide waren Alpenjäger, mein Onkel als Offizier und beide sind 1916 gestorben. Meine Mutter wollte eben nicht, daß ich eine Einnahmequelle hatte, die es mir ermöglichte, meine Familie zu verlassen. Sie hatte eine sehr große Angst vor meiner Geisteshaltung; sie verstand meine Art nicht, weil ich überhaupt keine Auflehnung zeigte, sondern nur die Idee im Kopf hatte, frei zu leben und meinen Lebensunterhalt selbst zu verdienen. Ich hatte schon zu viele Frauen gesehen, die Kriegswitwen geworden waren und von heute auf morgen arme Frauen wurden, die für ihre Kinder allein aufkommen mußten. Es ist furchtbar, was ich als Kind schon alles gesehen habe. Gutsituierte Familien wie unsere, die den Vater verloren, weil er im Krieg gefallen war, die nur noch eine kleine Pension bekamen, die ihnen nicht mehr ermöglichte, das Leben, das sie früher geführt hatten, fortzuführen. Und die Frau mußte sich nachts verstecken, um für irgendwelche Geschäfte zu arbeiten, die aus ihr Pullis oder angefertigte Näharbeiten herauspreßten... Ich glaube, das war mitunter ein Grund, warum ich so geschickt und fleißig mit meinen Händen arbeitete: weil ich mich für die Zukunft auf einen richtigen Beruf vorbereitete. Die gesetzliche Krankenversicherung existierte damals noch nicht, Lebensversicherungen wurden so gut wie nicht abgeschlossen. Nach dem Krieg gab es die Leute, die man »Neureiche« nannte (die aus dem Zweiten Weltkrieg nannte man übrigens »BOF – Butter, Eier, Käse«[1]) und dann gab es auch die »neuen Armen«, die Söhne oder Männer im Krieg verloren hatten oder die Flüchtlinge aus zerstörten Gebieten waren und die alles verloren hatten. Es gab viele davon, es gab viel Armut nach dem Krieg von 1914–18, es fand eine völlige Veränderung der gesellschaftlichen Strukturen statt. Ich für meinen Teil hörte mir das alles an, ich hatte viele Interessen im künstlerischen Bereich, ich zeichnete allein: Bei jedem Wohltätigkeitsverkauf von meiner Schule gab es einen Stand, der voll mit meinen Werken war, die man kaufen konnte: kleine Zeichnungen, irgend etwas Belangloses, Stickereiarbeiten und dann Selbstgebasteltes wie Puppenmöbel und -kleider, Babywäsche usw. All dies machte ich mit Leichtigkeit. Zwei oder drei Jahre nach dem Abitur wollte ich parallel zu Musik und Nähen Zeichnen lernen, also fand man für mich eine kleine, wiederum sehr »anständige« Kunstakademie in meinem Stadtteil, und dort habe ich Zeichnen und Malen gelernt. Wir malten Akte, das heißt, man nannte es einen Akt, aber die Modelle behielten ihre Unterwäsche an, weil es sich nicht gehörte, daß ein Modell sich wirklich auszog!

Und dieses durch und durch bürgerliche Leben hatte ein Mädchen zu führen, das sich im Grunde sehr ungezwungen fühlte. Ich war wirklich ungezwungen, andererseits aber auch sehr geduldig. »Was wird aus ihr werden, wenn man sie fallen läßt?« Da ich keinen Pfennig besaß, konnte aus mir nichts werden. Ich verfügte ausschließlich über geistig-kulturelle Kenntnisse. Ich las viel. Darum habe ich auch das Abitur in Philosophie gemacht und als Wahlfach die Psychoanalyse gewählt. Die Psychoanalyse bestand für mich aus Gedankenassoziationen und war die Wissenschaft der Träume, von der ich nicht sehr viel – vielleicht ein bißchen – verstanden hatte; ich sprach vom Unbewußten. Und immerhin habe ich es als Spezialgebiet genommen, mein Philosophielehrer am Molière-Gymnasium war zwar überrascht, aber stimmte zu, da ich die neuesten Publikationen von damals gelesen hatte, nämlich zwei oder drei Bücher über die Psychoanalyse aus der Reihe »Bibliothèque de Philosophie contemporaine«[2]. Sie war schon seltsam, diese Freiheit zu lesen, inmitten von dem, was sonst um mich herum geschah...

1 BOF (Beurre-Oeufs-Fromage) — Butter-Eier-Käse (Anm. der Übers.)

2 In diese Reihe, die bei Felix Alcan, dem Vorgänger der Presses Universitaires de France, verlegt wurde, wurde 1926 die erste französische Ausgabe von Freuds Traumdeutung in der Übersetzung von Ignace Meyerson aufgenommen. (Anm. der Verf.)

Mein Vater las viel und erlaubte mir, seine ganze Bibliothek zu lesen. Aber all mein Wissen kam aus Büchern, ich verfügte über keinerlei Lebenserfahrungen. Ich mochte damals Balzac sehr gerne, Proust, den ich erst mit Leidenschaft entdeckt habe, als ich im Krankenhaus mein zweites praktisches Jahr absolvierte, kannte ich noch nicht, las aber alles, was neu herauskam, ebenso das, was meine Eltern lasen. Mein Vater erlaubte mir, alles zu lesen, bis auf Zola, der seiner Meinung nach »in den Nachttopf« gehörte. Warum der wunderbare Zola als einziger Schriftsteller der französischen Literatur so schlecht angesehen wurde? Nun, was die anderen Bücher betrifft, konnte ich alles lesen, was mein Vater kaufte, z. B. »La Garconne« von Victor Margueritte, ein Buch, von dem ich nichts verstand. Es gab selbstverständlich auch die Romane der »anständig denkenden« Schriftsteller von damals, René Bazin und Paul Bourget und die Übersetzungen moderner englischer Romane. Aber auch Maeterlinck, Jerome und Jean Tharaud, André Gide und Jean Cocteau, Raymond Radiguet, Lautréamont, Colette, die 10 Bände des »Jean Christophe« von Romain Rolland, und dann die Romane von Pierre Loti und von Pierre Benoit »L'atlantique« und »Koenigsmark«, die ich leicht zu lesen fand. Mit meinem Vater sprach ich manchmal über die Bücher, die ich las, nie mit meiner Mutter. Ich glaube, daß es sie nicht interessierte. Für sie bedeutete Lesen in gewisser Weise reinen Zeitverlust. Für »Fräulein« ebenso. Aber für mich war es notwendig. Mein Vater las viele übersetzte fremdsprachige Bücher. Solche, die wirklich zur Literatur gehörten, wie Shakespeare, Goethe, die Klassiker halt, und dann auch die Romane, die damals gerade erschienen, André Maurois, ethnographische Essays wie die von Lucien Levy-Bruhl und dann die Bücher von Jean Rostand und Bücher zur Psychoanalyse, die ich selbst bereits mit 15 Jahren gelesen habe. Ich ging auch zu den Vorträgen der *Annales*, die mich sehr interessierten: diese waren ja »anständig« und darum wurde es mir erlaubt. Sie wurden von Yvonne Sarcey organisiert und geleitet, einer sehr intelligenten Person. Alle die Schriftsteller und Künstler der damaligen Zeit kamen dorthin, um ihre Vorträge zu halten, die ich – meistens mit »Fräulein« – besuchte. Es handelte sich mehr oder weniger um sehr weltoffene Vorträge, aber genau das mochte ich. Auf diese Weise habe ich die ersten wichtigen Theaterleute gesehen, Jacques Coupeau, Antoine, Tristan Bernard, die Brüder Tharaud, die von ihren Reisen erzählten, Jean Cocteau und Giraudoux. Dazu die Schriftsteller André Gide, Duhamel, Maurice Paléologue. Ich nahm an diesen Vortragsreihen teil, ich erhielt die Protokolle und las alle Bücher, die dort empfohlen wurden. Mein Vater verstand mein Interesse für das Ganze.

Aber Tatsache bleibt dennoch, daß ich nur zu Hause lebte: Ich kümmerte mich um die kleinen Brüder, ich erledigte die Wäsche, bügelte – übrigens bügelte ich sehr gerne und gut, ich kriegte den »amerikanischen Glanz« an Kragen und

Manschetten hin, die mein Vater noch trug. Ich war eben immer sehr beschäftigt und kannte keine Langeweile, so war's. Abends spielten wir zusammen Musik und nachts hatte ich mein Radio. Im Grunde war es ein sehr schizoides Dasein. Und sobald ich Ferien hatte, malte ich die ganze Zeit Aquarelle. Ich malte alles, was mir zu Hause oder draußen gefiel. Es war schon ein komisches Leben.

Aber Du warst doch auch Krankenschwester?

Das war damals, wie ich auf die fünfundzwanzig Jahre zuging und mit meinem Medizinstudium anfangen durfte. Meine Mutter sagte (ich war zweiundzwanzig Jahre alt): »Ich erlaube Dir, eine Ausbildung als Krankenschwester anzufangen.« Mit einundzwanzig Jahren, also als ich volljährig war, hatte ich schon darüber gesprochen: immer hatte es mit meiner Vorstellung zu tun, mein Geld selbst verdienen zu können. Ich habe also diese Ausbildung und Praktika gemacht und mein Diplom bekommen. Meine Mutter hatte gehofft, diese Erfahrung würde mich von meiner Idee, Medizin zu studieren, abbringen, aber das Gegenteil war der Fall. Die Tätigkeit hatte mich sehr interessiert und dadurch, daß ich sie versorgt habe, habe ich die Kranken noch besser verstehen können. Und ich bin das Medizinstudium dann weniger abstrakt angegangen, wie viele, die mit diesem Studium anfangen, ohne daß sie jemals Kranke mit ihren eigenen Händen versorgt hätten. Mehrere Jahre hindurch habe ich auf diese Weise Kranke versorgt, sogar als freiwillige Ausbilderin, als die ich andere Krankenschwestern meiner ehemaligen Schule unterrichtet habe. Ich konnte sehr gut Verbände anlegen und das war zu der damaligen Zeit sehr wichtig, da es noch kein selbstklebendes Verbandsmaterial gab, alle Verbände bestanden aus Mullbinden und diese mußten gut angelegt und gewechselt werden, damit die Leute weiterhin damit arbeiten konnten. Eine Krankenversicherung gab es damals ja noch nicht und so mußte ein Arbeiter, der sich bei einem Unfall verletzt hatte, so schnell wie möglich wieder an seinen Arbeitsplatz zurückkehren, sonst hätte er kein Geld mehr gehabt, um seine Familie zu ernähren. Und Urlaub gab es natürlich ebensowenig. Man bekam auch keinen freien Tag, weil man krank war, nicht einmal bei Arbeitsunfällen. Von daher war meine Arbeit, die Verbände gut anzulegen, für die Leute sehr wertvoll, damit sich der Verband nicht unter Umständen während der Arbeit löste und der Betreffende wieder zum Krankenhaus zurück mußte, was automatisch zu einer Arbeitsunterbrechung für ihn führte. Also fragte man mich, ob ich für diese Tätigkeit – das Anlegen von Verbänden – Ausbilderin werden wollte – das war ein Jahr nach meinem Diplom. Ich war sehr glücklich darüber, wurde also Ausbilderin auf der Krankenschwesternschule für das Anlegen von Verbänden und dies alles auf freiwilliger Basis. Ich blieb dort bis spät abends, um den Leuten, die nach ihrer Arbeit kamen, zur Verfügung stehen zu können. Das alles fand statt, bevor ich dann mit meinem Medizinstudium begonnen hatte. Sobald ich Ärztin war, bat mich übrigens meine alte Schwesternschule darum, dem Prüfungsausschuß für das Krankenschwesterdiplom beizutreten. Ein Jahr habe ich es gemacht, aus Anerkennung dafür, daß ich dort soviel hatte lernen können.

Wie kamst Du eigentlich zu der Arbeit mit Kindern?

Das kam wie von selbst, als ich Medizin studiert habe; ich wollte ja Kinderärztin werden, Medizin für Kinder studieren, genau das interessierte mich. Wenn ich als Krankenschwester vorher nur Umgang mit erwachsenen Patienten hatte, so einfach nur deswegen, weil das Krankenhaus, an dem ich war, damals keine Patienten unter 15-16 Jahren aufnahm.

Warum interessierten Dich denn Kinder zu dieser Zeit besonders?

Weil ich doch eine Psychoanalyse machen mußte. Weil ich verrückt geworden war. Auch wegen der Schuldgefühle. Doch das ist wieder etwas anderes.

Bevor ich das Medizinstudium aufnahm, aber schon Krankenschwester war, hatte ich eine Familie mit lauter Mädchen kennengelernt – es waren alle Jacquelines Freundinnen, ich habe sie aber erst viel später nach ihrem Tod kennengelernt. Sie hatten einen jüngeren Bruder, er war zwei Jahre jünger als ich und bereitete sich auf sein Examen vor. Er studierte Sprachen und zeigte eine leidenschaftliche Begeisterung für das Griechische. Ich war mit meinen Eltern in den Ferien. Während einer Reise in der Provence habe ich diese Familie getroffen, die dort ein Grundstück mit Haus besaß. Meine Mutter war mit der Mutter dieser Familie befreundet gewesen, also der Mutter der damaligen Freundinnen meiner Schwester. Und meine Schwester war sieben Jahre älter gewesen wie ich, die Mädchen waren für mich also fast junge Frauen. Wir sind damals eigentlich nur bei dieser Familie vorbeigefahren, um ihnen kurz »guten Tag« zu sagen, aber dann haben sie vorgeschlagen: »Warum kann

Françoise eigentlich nicht bei uns bleiben?« Meine Mutter sagte darauf: »Nein, sie ist doch noch nie aus dem Haus gewesen...« – »Aber doch, lassen Sie sie acht Tage hier bei uns.« Ich war hingerissen, bei dieser Familie in der Provence allein bleiben zu können, und blieb. Es wurde ein Drama daraus, meine Mutter schrieb mir, daß ich mich schämen sollte, die Einladung angenommen zu haben, und dabei sie zu verlassen. Ich dachte, daß sie sich um meine Erziehung ganz besondere Sorgen machte und habe erst später verstanden, daß sie im Grunde förmlich an mir klebte. Der Tod meiner Schwester Jacqueline hatte sie völlig verstört. Aufgrund ihrer vorwurfsvollen Briefe empfand ich furchtbare Schuldgefühle, in der Provence geblieben zu sein, doch die Familie, bei der ich war, hat mir sehr darüber weggeholfen. Und da gab es diesen Jungen, der sein Examen vorbereitete und andererseits mich, die die griechischen Tragödien durch Jacques Copeau entdeckt hatte, ich las Sophokles, Äschylos, Euripides, den *Ödipus* unter Bezug auf Freud, alles mit diesem fast instinktiv zu nennenden Gespür für das Unbewußte. Ich hatte ja einiges von Freud gelesen – für mein Abitur und auch noch daran anschließend – so daß ich mit diesem Jungen, der die griechischen Tragödien für sein Examen las, über alles diskutierte, was ich darin fand; und da ich im Rahmen meiner Ausbildung überhaupt kein Griechisch sondern nur Latein gehabt hatte, war es für ihn sehr interessant, mit einer Person konfrontiert zu sein, die ganz neue Ideen besaß und kein universitäres Denken, und die sich auf eine lebendige Art und Weise für alles interessierte. Das hat dazu geführt, daß wir einiges zusammen unternahmen, so bei der Weinernte und überhaupt in der Provence. Wir übersetzten auch zusammen ein englisches Buch, das, glaube ich, *Typhon* hieß. Und als ich nach Paris zurückkam, hatte ich zum ersten Mal das Gefühl, daß ich mit diesem Jungen und den Mädchen eine wirkliche Begegnung erlebt hatte, für mich waren sie alle intelligent, gebildet, sie studierten an der Universität und interessierten sich für Musik. Meine Mutter allerdings verbot mir, sie jemals wiederzusehen, angeblich wegen dieses Jungen; beziehungsweise erlaubte sie mir, sie wiederzusehen unter der Bedingung, daß ich die Verlobte des Jungen werden würde!

Unter diesem Aspekt hatte ich an den Jungen wirklich nie gedacht. Warum auch? Nur, weil wir über den Ödipus oder Antigone gesprochen hatten, die Weinernte gemeinsam erlebt, bei unseren Spaziergängen die Sonnenuntergänge in der Provence, und weil wir nachts draußen unter freiem Himmel tief in der Schlucht des Verdon geschlafen hatten... Was meine Sexualität angeht, war ich in dieser Beziehung keineswegs aufgeweckt. Ich war vertieft in die Kultur, in die Musik, die griechischen Tragödien, die Schönheit der Natur, in all diese Dinge. Nach der Affäre mit meiner Mutter bin ich dann zu ihnen gegangen und habe ihnen gesagt: »Hören Sie mal zu, meine Mutter hat ziemlich abgeschmackte Vorstellungen, ich kann Sie nicht mehr besuchen, angeblich, weil es bei Ihnen einen Jungen gibt.« Sie haben darüber gelacht und der Junge, D., hat mir gesagt: »Ich bin aber ganz und gar einverstanden (Ihr Verlobter zu sein), denn ich bin in Sie verliebt.« In mich verliebt? Völlig verrückt! Darauf sagte ich zu meiner Mutter: »D. möchte gern, daß man uns wie Verlobte ansieht«, – ich wartete schließlich sowieso nur darauf, Medizin zu studieren... Denn das Jahr darauf würde ich fünfundzwanzig Jahre sein. Was machte es also aus, wenn wir Verlobte waren, die Hauptsache war doch, daß wir das Recht hatten, uns wieder zu sehen. Wir gingen zusammen ins Konzert, es war, als konnte ich, der verboten war, allein auszugehen, faktisch »wie allein« dorthin gehen; immerhin konnte ich jetzt mit ihm oder seinen Schwestern endlich allein Konzerte besuchen. Sie spielten zwar alle kein Instrument, doch waren Musikliebhaber. Sie mochten einfach gern der Musik zuhören.

Aber leider entwickelte sich alles ein wenig anders: ab dem Tag, wo wir verlobt waren, hatte es der Junge ziemlich eilig, mich zu heiraten und wollte seinen Militärdienst so schnell wie möglich hinter sich bringen. Mich langweilte es eher, wenn er sonntags müde von seinem Dienst zurückkam. Physisch zog er mich überhaupt nicht an, nur seine intellektuelle Art beeindruckte mich, aber seine Liebeserklärungen ließen mich kalt, auch wenn sie mir vielleicht schmeichelten. Meine Mutter sagte: »Ich verstehe Dich nicht, ich finde Dich merkwürdig.« – »Aber weißt Du, ich langweile mich mit ihm, immer müssen wir in einem Zimmer eingesperrt sein, und überhaupt, ich weiß gar nicht, was Verlobte eigentlich sind, man sagt, daß sie es mögen, von Liebe zu reden, mich aber langweilt es.« Daraufhin sagte mir meine Mutter: »Du bist unmenschlich, Du bist ein gemeines Luder...« Ich verstand nicht, überhaupt nicht!

Und dann fing ich mit meinem Medizinstudium an, während D. von seiner Seite mich daran hindern wollte. Ich habe ihm gesagt: »Hören Sie mal zu, das gehört zu unserer Vereinbarung, ich habe akzeptiert, mit Ihnen verlobt zu sein, damit wir uns weiterhin sehen können und Sie haben akzeptiert, daß ich das Jahr darauf Medizin studiere, wie es seit langer Zeit beschlossen war.« Ich siezte ihn und hatte schließlich auch keine intimen Gefühle der Liebe mit ihm ausgelebt; wir hatten durchaus eine liebevolle Beziehung zueinander, so wie gute Freunde oder Bruder und Schwester, und das war alles – alles passierte vom Kopfe her, wie man sagt. Von der Ferne schrieb ich ihm als Antwort auf seine Briefe, daß ich ihn auch liebte, aber dieses Wort bedeutete für mich soviel wie »liebhaben«, ein Gefühl von Eifersucht kam bei mir ihm gegenüber niemals auf. Und wenn ich ihn traf, dann langweilte mich, daß uns der Gesprächsstoff langsam ausging. Mein Studium und die Medizin begeisterten mich. Und genau davon wollte er nichts wissen. Und dann hatte er nur noch Geschichten von Pferden oder seine militärischen Übungen im Kopf!

Eines schönen Tages hat er mir gesagt: »Ich sehe, daß Sie mich nicht lieben.« – »Aber doch, ich habe Sie schon gern.« Ich war noch ein Kind, kannte nicht den Unterschied. Ich bin dann nach Hause zurückgekehrt und habe gesagt: »Ich glaube, daß wir, D. und ich, beschlossen haben, uns nicht mehr zu sehen.« Meine Mutter war über diese Mitteilung erschrocken: Sie wollte, daß ich diesen Jungen heiratete, weil sie sehr viel Angst davor hatte, was aus mir einmal werden würde. Ich aber wollte trotz meiner Mutter und D., die in diesem Punkt zusammenhielten, mein angefangenes Medizinstudium fortsetzen. Und das alles mit 24 Jahren! Aber wenn ich heute an diese Zeit zurückdenke, stelle ich fest, daß ich damals noch ein richtiges Kind war. Dann fing ich an, daran zu glauben, daß ich unmenschlich sei, wie es mir immer wieder gesagt wurde. Und als wir nach drei Jahren, in denen wir uns jeden Sonntag getroffen hatten, er war die einzige Person, die ich sah, beschlossen, uns künftig nicht mehr zu sehen, haben seine Schwestern gesagt, ich wäre ein »gemeines Luder«, weil ich ihren Bruder im Stich ließe, weil ich ihren Bruder nicht liebte: Ich verstand überhaupt nicht, was sie mir da sagen wollten, ich mochte sie ja gerne und hatte nur diese eingesperrten Sonntage satt, ich wollte lieber spazierengehen. Aber es tat mir sehr leid zu sehen, welche Wendung diese freundschaftlichen Beziehungen erfuhren. Ich verstand von dieser Entwicklung buchstäblich nichts, ich war wirklich gehemmt, aber gleichzeitig voller Leben. Wenn man so will, hatte ich eine verlängerte Kindheit. Ich konnte weder lügen noch »so tun als ob«. Meine Mutter sagte mir: »Unter diesen Umständen, wenn Du also Deine Verlobung auflöst, bist Du für mich eine Hure und kannst das Haus sofort verlassen.« Immerhin besaß ich keinen Pfennig: »Aber wo soll ich denn hingehen?« – »Wohin Du willst, aber ich möchte nicht, daß eine Hure unter meinem Dach wohnt! Wenn Du diesen Jungen, der Dich anhimmelt, im Stich läßt, wirst Du für immer die Verantwortung dafür tragen, wenn er anfängt zu trinken.« Warum sollte er eigentlich zu trinken anfangen, nur weil wir uns nicht mehr sahen und dies, wie ich meinte, auch nur für eine gewisse Zeit, bis wir beide in etwas stabileren Verhältnissen lebten? Ich verstand es wirklich nicht. Ich war vierundzwanzig, er war zweiundzwanzig. Mir erschien diese ganze Geschichte völlig verrückt zu sein.

Immerhin warst Du zu dieser Zeit bereits Medizinstudentin...

Inzwischen ja, ich hatte mit dem Medizinstudium begonnen, nachdem ich das obligatorische Vorbereitungsjahr hinter mich gebracht hatte. Damit hatte ich ein Jahr früher als geplant begonnen, kurz nach meiner Rückkehr aus der Provence, weil mein Bruder Philippe, der vier Jahre jünger war als ich, auch Medizin studieren wollte. Mein Vater hatte gedacht, daß er Medizin nicht studieren könne, weil er den zweiten Abiturabschnitt nicht bestanden hatte; in Wirklichkeit hatte er sich aber für die Oktoberprüfung angemeldet und sie auch bestanden. Das war damals,

als er plötzlich diese Akne bekam und daraufhin zum Arzt ging. Dieser sagte zu ihm: »Aber Philippe, wie kommt denn das? Akne hat man dann, wenn man Sorgen hat. Und welche Sorgen haben Sie?« – »Wissen Sie, ich möchte unbedingt Medizin studieren, aber traue mich nicht, es meinem Vater zu sagen, der mich ab September für Volkswirtschaft eingeschrieben hat, da ich nicht sicher war, ob ich den zweiten Teil meines Abiturs bestehen würde.« Und für das Medizinstudium waren eben beide erfolgreich bestandenen Abiturprüfungen notwendig. »Gut, aber nun haben Sie die Aufnahmeprüfung für das Studium doch bestanden, das Semester hat vor vierzehn Tagen angefangen, sie brauchen es nur Ihrem Vater zu sagen.« Meine Brüder hatten – genauso wie ich – eine Heidenangst vor meinem Vater, nicht weil mein Vater so böse gewesen wäre – er war sicherlich sehr gutmütig –, sondern weil er so still war: er sagte nichts, und deshalb fühlten wir uns durch ihn auch sehr gehemmt. Ich habe zu Philippe gesagt: »Ich werde bei Papa Dein Anliegen vorbringen.« Und am Abend bin ich zu ihm gegangen, wie er nach Hause kam. »Papa, Philippe ist zum Arzt gegangen, der ihn gefragt hat, ob er irgendwelche Sorgen hätte, weil ein Jugendlicher nur dann Akne bekommt, wenn er Sorgen hat. Und seine größte Sorge ist, daß er nicht Medizin studiert.« Darauf antwortete mein Vater: »Aber warum hat er es mir nicht gesagt?« – »Weil Du ihn für Volkswirtschaft eingeschrieben hast. Er hat es sich nicht getraut.« – »Und warum hat er es sich nicht getraut? Nun, ich war davon ausgegangen, daß er sein ganzes Abitur nicht schafft. Aber ich bin andererseits sehr froh, wenn er etwas tut, was ihm gefällt.« Dann hole ich Philippe, der zu meinem Vater eilt. Er kommt strahlend zurück und bedankt sich bei mir: »Und Du, warum fängst Du nicht mit mir zusammen Dein Medizinstudium an?« Aber meine Mutter hatte doch beschlossen, daß ich erst mit fünfundzwanzig Jahren .... »Aber warum eigentlich nicht mit vierundzwannzig Jahren?« Und meine Mutter sagte dann: »Ja, es ist tatsächlich besser, so kann Dein Bruder auf Dich aufpassen, wenn Du mit ihm zusammen das Vorbereitungsjahr anfängst.« So kam es, daß wir im November zusammen mit dem Vorbereitungsjahr anfingen und ich nicht noch ein Jahr warten mußte.

Seit dem Abitur hatte ich nun nicht studiert gehabt. So fiel mir der Anfang an der Universität sehr schwer, aber kam dann doch sehr schnell wieder hinein. Philippe behagte es bald nicht mehr so sehr, seine Schwester bei sich zu haben, der das Studium leichter fiel als ihm. Vielleicht lag es daran, daß ich älter war, ich weiß es nicht. Zu jener Zeit absolvierte Marc Schlumberger, der Sohn von Jean, auch sein Vorbereitungsjahr. Er war bereits Psychoanalytiker und hat mit uns gesprochen. Ich sagte ihm: »Mich stört es ziemlich, daß ich überall bessere Noten wie mein Bruder bekomme und für ihn muß es sehr demütigend sein. Er kann so nicht mehr richtig arbeiten. Im Gegensatz zu ihm kann ich mich besser konzentrieren.« Und er antwortete mir: »Ihr Bruder sollte eine Psychoanalyse machen.« Darüber habe ich dann mit meinem Vater gesprochen, der mir sagte: »Von mir aus gerne, ich glaube auch, daß dieser Junge davon profitieren würde.« In gewisser Hinsicht war mein Vater schon sehr offen für die Probleme anderer. Philippe begann also eine Psychoanalyse und ich fuhr in meinem Vorbereitungsjahr fort; und aufgrund der Fortschritte, die Philippe im Verlauf der Psychoanalyse machte, habe ich festgestellt, daß mich der Junge, mit dem ich angeblich verlobt war, nicht interessierte. Auch irgendwelche anderen Jungen interessierten mich im übrigen nicht, und da ich die ganze Woche arbeitete, wäre ich sonntags eben lieber spazierengegangen, als sich einzusperren, nur weil man verlobt war; er ließ mich sein Tagebuch lesen und darin sprach er jeden Tag von mir. Das langweilte mich: »Hören Sie zu, es ist ganz hübsch, Ihr Tagebuch, und daß ich der Gegenstand Ihrer Gedanken bin, auch, aber ich langweile mich mit Ihnen.« Ein Junge, zu dem man so etwas sagt, hätte eigentlich längst verstehen müssen, aber er war wohl auch noch ein Kind.

Er ist über die Entwicklung unserer Beziehung sicherlich unglücklich gewesen, aber seine Trauer währte nicht sehr lange. Meine Mutter hat mich andauernd beschuldigt. Und sie sagte: »Du darfst nicht heiraten, bis D. verheiratet ist.« Und das ist wohl bei mir im Kopf hängengeblieben. Aufgrund dieser Schuldgefühle wurde ich dann wirklich schizoid, gespalten. Es passierte mitten im ersten Jahr meines Medizinstudiums, daß ich mich auf meinen Text nicht mehr konzentrieren konnte, ich konnte auch der Vorlesung nicht mehr folgen. Und dann hat mich meine Mutter auch noch aus dem Haus herausgeschmissen.

Als mein Vater abends nach Hause kam, ging Philippe zu ihm und sagte: »Mutter hat Françoise rausgeschmissen, aber sie hat kein Geld und weiß nicht, wohin sie gehen soll.« Seit zwei oder drei Wochen konnte ich mich zu dieser Zeit also nicht mehr konzentrieren, ich mußte alles zwei- oder dreimal durchlesen, bis ich es behalten konnte, während ich vorher ein unglaubliches Gedächtnis hatte – ich brauchte nur etwas zu lesen und behielt es schon. Und vor allem fühlte ich mich so schuldig, ich fühlte mich davon geplagt. Meine Mutter sprach nicht mehr mit mir, ich konnte nicht mehr mit ihr zusammen essen, sobald sie mich erblickte, verließ sie den Tisch; es war eben ein einziges Drama, daß ich diesen Jungen im Stich gelassen hatte. Ich selber sah es ja nicht so und interessierte mich weiterhin für ihn, meines Erachtens hatte ich ihn gar nicht im Stich gelassen, sondern ihm nur gesagt, daß es mir unangenehm sei, ihn weiterhin zu sehen. Von der Ferne an ihn zu denken war angenehm, aber sehen wollte ich ihn nicht – ein deutliches Zeichen für diejenigen, die wissen, was es heißt, mit seinem Körper zu lieben. Ich liebte ihn nur in der Vorstellung, wahrscheinlich, weil es mir schmeichelte, daß er mich »liebte«.
 Seine Schwestern hatten mir gesagt: »Wenn Sie ihn lieben würden, hätten Sie auf

Ihre Pläne mit dem Medizinstudium verzichtet. Schließlich könnten Sie etwas anderes studieren, wenn es Ihnen nur darum ginge, eine Beruf zu erlernen.« Das war schon richtig. Ich wußte nicht, warum ich so war und denjenigen wehtat, die mich liebten. Aber ich konnte nicht anders.

Dies alles habe ich zusammenhanglos und weinend meinem Vater erzählt, dem Philippe meine Entscheidung, mich von D. zu distanzieren und meine Verlobung unter Umständen aufzulösen, beziehungsweise die Reaktion meiner Mutter darauf, mitgeteilt hatte. Mein Vater hat mir zugehört und daraufhin gesagt: »Es kommt nicht in Frage, daß Du das Haus verläßt, Du bleibst hier und nimmst Deine Mahlzeiten in Deinem Zimmer ein, damit Mutter Dich nicht sieht, aber es gibt keinen Grund dafür, daß Du weggehst. Dies hier ist Dein Zuhause. Und im übrigen bin ich sehr froh, daß diese Geschichte mit D. aufgeflogen ist, denn ich habe keinen Augenblick daran geglaubt, daß dieser junge Mann zu Dir paßt.« Mein Vater blickte also durch, traute sich aber nicht, etwas zu sagen... Und meine Mutter hatte – bevor ich D. kennenlernte – schon zwei oder drei Male versucht, mich mit Leuten zu verheiraten, für die ich mich überhaupt nicht interessiert hatte.

Nach jenem unvergeßlichen Abend also geriet ich vollends durcheinander, wurde unfähig, mich zu konzentrieren, es ging mir nicht gut und man sah es mir an. Laforgue (Philippe machte bei ihm eine Psychoanalyse und fühlte sich sehr wohl) sagte dann einfach so dahin: »Schicken Sie mir auch Ihre Schwester.« Ich bin dann zu ihm hingegangen, fühlte mich verloren. Und er hat uns dann beide in die Analyse genommen. Er fing an, mich regelmäßig zu sehen und mein Vater, der den Erfolg der Psychoanalyse bei meinem Bruder sah, war sehr froh, daß ich angesichts der Verwirrung, in der ich mich befand, auch zu ihm ging. Ich selbst bin mit meiner Geschichte im Grunde rasch wieder auf die Beine gekommen, indem ich bei Laforgue ein wenig geredet habe, solange, bis ich mir bitterlich weinend sehr schnell über meine Schuldgefühle im klaren gewesen bin: Ich war eine Hure, weil ich meinen Verlobten im Stich ließ, was mich darüber hinaus überhaupt nicht gekümmert hatte; ich führte einen jungen Mann ins Verderben, der sehr nett war, und demgegenüber auch ich eigentlich nur Gutes im Sinn hatte, und der sich zum Säufer entwickeln würde. Während ich auf diese Weise meine Verwirrung und meine Schuldgefühle zum Ausdruck brachte, kam meine Arbeitsfähigkeit sehr schnell wieder zurück; und ich habe mir gesagt, daß ich mich zuerst von meiner Mutter lösen müßte, und dies hieß, mich wieder konzentrieren zu lernen, um später meinen Beruf erfolgreich ausüben zu können. Genau zu dieser Zeit erkrankte Philippe, der auf einer Tuberkulose-Station arbeitete, zum ersten Mal und ziemlich ernst an Tuberkulose. Man hat sogar geglaubt, daß er unheilbar wäre – und er hat mir innerlich Vorwürfe gemacht. Er meinte, daß er krank geworden sei, weil ich ihm seinen Psychoanalytiker »weggenommen« hätte. Laforgue hatte uns beide in Behandlung, was von ihm auch sehr ungeschickt war.

Meine Mutter war inzwischen völlig verrückt geworden, weil dieser Arzt nicht bewirkt hatte – wie sie es sich erhoffte – mich zu meinem Verlobten zurückzubringen; stattdessen hatte ich mich durch die Analyse von meinen Schuldgefühlen befreit – zumindestens soweit, daß ich aus der Depression, der ich offensichtlich verfallen war, wieder herausfand. In dieser Situation hat mir mein Vater gesagt: »Mein liebes Mädchen, Du wirst wohl die Familie verlassen müssen, denn Deine Mutter erträgt es nicht länger, Dich zu sehen. Ich vertraue Dir voll und ganz.« Er gab mir etwas Geld, damit ich mir ein Zimmer mit Waschgelegenheit, aber ohne richtige Küche und ohne Toilette mieten konnte. Dort habe ich mit meinem Studium fortfahren können. Ich hatte kaum Geld zum Leben, nur das, was ich durch meine Arbeit im Krankenhaus verdiente. Das Zimmer wurde allerdings von meinem Vater bezahlt; da ich im Krankenhaus arbeitete, hatte ich Zugang zur Kantine der Wachstation, konnte also durch meinen Verdienst das Mittagessen bezahlen und hatte noch 2 Franc für das Abendbrot übrig. Am Anfang reichte das Geld gerade aus, für den Abend Brot und Käse zu kaufen, das war aber auch schon alles. Mir machte es indes nichts aus, ich war zufrieden mit dem, was ich tat, ich war dieses Gewicht los, ein Zuhause, das so schwer wie Blei auf mir lastete.

Stellte diese Trennung für Dich einen völligen Bruch mit Deinem Elternhaus dar?

Ich hatte meinem Vater versprochen, jeden Sonntag zum Mittagessen zu kommen – und das tat ich auch seinetwegen und wegen meines jungen Bruders Jacques. Wir mochten uns nämlich sehr. Damals war Philippe im Sanatorium, er ist tatsächlich ein Jahr dort geblieben, was ihm sehr gut getan hat: Danach wurde er schnell wieder völlig gesund und kam zurück. Auf diese Weise versäumte er für ein Jahr sein Medizinstudium, so daß wir in verschiedenen Semestern waren, was für ihn besser war. Ich habe weiter studiert und es hinsichtlich der Arbeit im Krankenhaus vorgezogen, mich um Kinder zu kümmern, weil mich die Kinderheilkunde besonders interessierte; ich habe

ein sehr passioniertes Leben geführt. Nebenbei verdiente ich mein Geld durch Spritzen, Hilfe im OP und Anästhesie in der Stadt. Ich fuhr fort in meiner Psychoanalyse, weil sie mich interessierte und Laforgue sagte zu mir: »Sie haben jetzt genügend Erfahrung mit der Psychoanalyse und könnten sich um Kinder kümmern.« Und ich antwortete: »Nein, ich glaube, es gehört mehr dazu, Kinder zu verstehen und ihnen ganz und gar zur Verfügung zu stehen.« Als ich einmal einen Assistenzarzt in den psychiatrischen Kliniken vertreten habe – ich bereitete mich für die Assistenzzeit in der Psychiatrie vor – habe ich das Elend dieser Anstalten kennengelernt. Und ich habe mir gesagt: »Man kann nichts machen; mit Erwachsenen, die so schwer krank sind, ist es zu spät; man muß mit den Kindern arbeiten und den Störungen vorbeugen, die die Ursache dafür sind, daß sich bei den Erwachsenen mentale Störungen entwickeln, die irreversibel sind.« Von da an fing ich an zu spüren, daß ich verstand, was bei den Kindern und Jugendlichen so lautlos vor sich ging, wenn sie psychische Störungen aufwiesen: ich gelangte zu diesem Verständnis, als ich mir die Geschichte von all den in diese Anstalt eingewiesenen Frauen anhörte.

Ich habe mein Medizinstudium fortgesetzt und alle Praktika auf Kinderstationen absolviert, weil ich fest entschlossen war, eine Medizin »für alle Kinder« nicht aus den Augen zu verlieren, und mich nicht nur auf die wenigen in den psychiatrischen Lehrbüchern aufgeführten Fälle beschränken wollte. Ich interessierte mich auch sehr für die Chirurgie in den Kinderkliniken. Es ist unglaublich, welch großer Bedarf dort an psychologischer Betreuung herrscht, abgesehen davon, daß man sie bei der medizinischen Behandlung bequem vor und nach den Operationen oder beim Anlegen von Verbänden übernehmen kann. In letzterem war ich ja sehr geschickt, und so konnte ich häufig Vertretungen für Assistenzärzte, mit denen ich befreundet war, übernehmen oder mir mein Geld verdienen, indem ich als Nachtwache arbeitete – auch während der Semesterferien. Und schließlich mußte ich auch meine Psychoanalyse bezahlen. Meine Mutter wollte, daß mein Vater mir meine finanzielle Unterstützung vollends verweigert. Für sie wurde ich »Medizinerin«, was soviel hieß, wie eine »verlorene Frau«. Mein Vater ist ihr zwar nicht gefolgt, aber ich bekam wirklich nur das Minimum. Es war für mich sehr hart, aber ich bedauere es ganz und gar nicht. Da ich volljährig war, hatte ich ein gewisses Verständnis dafür, daß mein Vater mir kein Geld mehr gab. Hinzukam, daß man entsprechend den damaligen Gepflogenheiten für ein Mädchen kein Studium bezahlte; man kam in dieser Hinsicht für die Jungen auf, aber nicht für die Mädchen. Die Mädchen bekamen eine Aussteuer, wenn sie heirateten. Ich wußte also ganz genau, was ich wollte und war selbst schuld, wenn ich es wollte. Da ich unbedingt studieren wollte, mußte ich eben das tun, was man in einer Familie tun muß, die mit einem Studium nicht einverstanden war. Und auch in bezug darauf war ich gegen meine Mutter gar nicht verärgert, ich verstand, daß die Wahl, die ich für mein Leben getroffen hatte, derart konträr zu ihrem Erziehungsstil stand, daß ich sie eher bedauerte. Ich konnte es ihr nicht übelnehmen. Ich habe also schnell verstanden, daß meine Mutter im Grunde neurotisch reagiert hatte und sich zudem in den Wechseljahren befand; hinzukam, daß sie beinahe den Verstand verlor, wie sie ihre älteste Tochter verlor. Ja, man kann sagen, daß ich für sie Mitleid empfand.

Hart war für mich, daß mein kleiner Bruder Jacques, den ich von klein auf erzogen hatte, nicht mit mir sprechen wollte, wenn ich zu Hause war, obwohl er sich augenscheinlich freute, mich zu sehen. Eines Tages kam er in mein Zimmer – das von meiner Mutter in dem gleichen Zustand belassen worden war, wie ich es verlassen hatte - und sagte mir hastig: »Weißt Du, ich mag sehr, Dich zu sehen; ich spreche aber nicht mit Dir, denn sonst würde Mutter eine ganze Woche mit mir schmollen.« Und mein Vater wiederholte stets: »Liebes Mädchen, komm jeden Sonntag zum Mittagessen, ich möchte Dich einmal in der Woche sehen.« Mein Vater war aufgrund der ganzen Entwicklung sehr unglücklich. Aber er traute sich nicht, mich unter der Woche zu besuchen oder mir vorzuschlagen, daß ich ihn in seinem Büro besuchen komme. Er fürchtete, daß es meine Mutter erfahren könnte, die ein gutes Verhältnis zu seiner Sekretärin hatte, einer jungen Frau, die ich auch kannte. Sie wußte nichts von den familiären Spannungen, die mit meiner Person zusammenhingen und sprach sowohl mit meinem Vater wie auch mit meiner Mutter von mir und meinen älteren Brüdern, die sie im Büro jedesmal traf, wenn sich dafür eine Gelegenheit bot. Und diese dachten wie meine Mutter, daß ihre Schwester aus der Bahn geworfen würde, wenn sie Medizin studierte!

Schließlich habe ich dann promoviert und meine Eltern gebeten, bei der mündlichen Prüfung dabei zu sein. Ich glaube, daß meine Mutter sehr froh war, daß ich promovierte, denn irgendwo hatte sie die Medizin immer interessiert. Aber das war bei ihr halt sehr ambivalent. Denn am nächsten Tag hat sie auf meine Doktorarbeit – ich hatte meinen Eltern ein Exemplar gewidmet – eine Tüte mit irgendwelchem fettigen Zeugs gestellt. Als ich es bemerkte, sagte ich zu ihr, daß ich ihr ein anderes Exemplar geben würde. Sie antwortete: »Laß es bleiben! Diese Arbeit hat nichts besseres verdient. Es ist widerlich, eine Doktorarbeit über die Psychoanalyse zu schreiben. Freud war ein übler Kerl.« Meine Doktorarbeit hieß »Psychoanalyse und Kinderheilkunde«. Für sie bin ich eben immer ein seltsames Wesen gewesen, das sie nicht verstand.

Später dann, im Jahre 1941, habe ich Boris Dolto kennengelernt. Ich hatte den Eltern mitgeteilt, daß ich dieses Mal keine Lust hatte, Weihnachten von morgens bis abends in der Familie zu verbringen... Bis zu diesem Zeitpunkt war es ein Ritual gewesen, das man nicht verletzen durfte. An allen Festtagen wie Weihnachten, am ersten Januar oder an Ostern blieben wir von morgens bis abends die Gefangenen unserer Familie. Wenn wir wollten, konnten wir zum Gottesdienst gehen, ansonsten aber hatten wir uns nicht von der Stelle zu rühren, wir mußten zusammen bleiben. Einer spielte Klavier, ein anderer sang oder man spielte Karten, las oder diskutierte – aber, wir blieben zu Hause. Das war halt Tradition. Und vor dem Tod meiner Großmutter mütterlicherseits fand das alles bei ihr statt. Die einzige Funktion war, bei ihr den Braten zu verdauen! An jenem Weihnachtsfest 1941 habe ich also gesagt, daß ich entweder nur zum Mittagessen oder zum Abendessen komme. »Ach so, Du hast wohl etwas Besseres vor?« »Ja, ich habe in der Tat etwas Besseres vor, ich möchte nämlich entweder das Abendessen oder das Mittagessen mit Boris Dolto verbringen.« – »Wer ist denn das?« – »Ein Freund, er ist Arzt und ich habe ihn kennengelernt. Und ich möchte ihn an einem Festtag nicht allein lassen.« Ob ich ihn für mein ganzes Leben lieben würde, wußte ich noch nicht genau, nur, daß ich ihn liebte. Also erzählte ich den Eltern ein wenig von ihm.

Mein Vater kramte seinen alten deutschen Atlas heraus und suchte mit der Lupe den Geburtsort von Boris, die Krim, die Stadt Simferopol und die Stadt von Boris Jugend, Katerinodar. Er breitete seine Arme aus, hob den Kopf und sagte dann mit einem großen Seufzer: »Natürlich konnte sie uns niemanden anders als einen Tartaren in die Familie bringen!« Meine Mutter fragte mich: »Möchte er uns kennenlernen?« – »Natürlich möchte er Euch kennenlernen, über mein Erzählen von Euch mag er Euch.« – »Wie meinst Du, daß er uns gern hat. Wie hast Du uns denn beschrieben?« – »Ich habe Euch als Leute beschrieben, die ihre Tochter nicht sehr gut verstehen, aber dennoch anständige Leute sind. Es wäre sehr nett von Euch, ihn zum Mittagessen einzuladen.« Darauf hatte meine Mutter eine Antwort parat, die in der Familie schon berühmt war: »Aber wenn dieser Herr zum Mittagessen kommt, was wird man Victor sagen?« Victor war der Kammerdiener. Mein Vater greift ein: »Hör zu, Suzanne, Victor ist unser Angestellter, wir haben wohl das Recht, jeden so, wie es uns beliebt, zu empfangen.« – »Ja, aber trotzdem willst Du doch wohl nicht bestreiten, daß es für ihn schockierend ist, wenn die Tochter einen Unbekannten mitbringt, der weder etwas für uns noch für sie bedeutet – und dies noch an einem Festtag, wenn die Familie zusammen ist.« Worauf mein Vater sagte: »Es sei denn, daß dieser junge Mann beziehungsweise dieser Arzt, Du hast doch erzählt, daß er nicht so jung ist, es sei denn also, daß dieser Arzt die Einladung in dem Sinne annimmt, daß er vielleicht die Absicht hat, sich mit Dir zu verloben?« – »Jetzt höre mir einmal zu, woher soll ich denn das überhaupt wissen, soweit sind wir doch noch gar nicht, aber gut, ich kann ihn fragen.«

Ich traf Boris und sagte ihm: »Ach, wissen Sie, die Familie...« Und dann habe ich ihm die komische Szene beschrieben, die ich zu Hause hervorgerufen hatte, als ich von ihm erzählt hatte. Er antwortete: »Aber nichts ist mir lieber, als sie kennenzulernen, und warum sollten wir eigentlich unser Leben nicht zusammen verbringen?« – »Vielleicht, aber angesichts des Lebens, das Sie führen machen Sie mir überhaupt nicht den Eindruck, als wären Sie der Mann, der nun unbedingt heiraten will; und nur wegen der Eltern Theater zu spielen lohnt sich nicht, wie ich finde. Wissen Sie, ich kann den Eltern schon sagen, daß wir uns abends treffen.« Und dann besuchte er doch meine Eltern und er war sehr bewegt. Es war für ihn als Ausländer in Frankreich nicht einfach, auch wenn er dort eingebürgert und 1940 als Soldat eingezogen wurde. Und er hatte sich bereits die Finger verbrannt, als irgendwelche Leute ihm ihre Tochter unterjubeln wollten, und auch ich wollte mich ihm nicht unterjubeln lassen, nur weil ich ihn liebte. Durch die Psychoanalyse war ich weiter gekommen. Wir waren Liebhaber, und das ging in Ordnung; in bezug auf die Zukunft hatten wir Zeit. Ich liebte ihn und er liebte mich. Mir selbst war ich sicher, seiner aber nicht. Und so ist nach und nach unsere Beziehung entstanden. Meine Eltern haben an jenem Weihnachtstag meinen Brüdern und Schwägerinnen Boris Dolto als »den Verlobten von Françoise« vorgestellt. Alle haben daraufhin ziemlich erstaunt aufgesehen. »Sieh mal an, das ist ein Verlobter!« Die Situation war fürchterlich komisch, altmodisch und gleichzeitig wie in den Theaterstücken von Tschejow.

Als ich dann später geheiratet habe, fing meine Mutter noch einmal von D. an, und ich habe ihr gesagt: »Ich habe nie verstanden, warum Du diese Verlobung eigentlich angestrengt hast und dieses ganze Drama veranstaltet.« – »Ich dachte, Du wärest seine Geliebte und habe sogar mehrere Male geglaubt, daß Du von ihm schwanger wärest.« – »Arme Mutter, und dabei haben wir uns noch nicht einmal geküßt!« – »Wie bitte? Das verstehe ich nicht. Ich meine, warum wolltest Du ihn dann überhaupt sehen?« – »Ob Du nun verstehst oder nicht, vierzehn Tage lang hatte ich phantastische Ferien mit intelligenten jungen Leuten verbracht und ihr – das heißt, die beiden Mütter, wolltet, daß wir uns verloben; ich habe mich mit diesem Jungen aber schließlich nur gelangweilt, er erzählte mir am Ende den ganzen Tag nichts anderes, als daß er mich vergöttern würde und ich hatte keine Ahnung, was er damit meinte. Er ging mir schlicht auf die Nerven, denn ich wollte andere, interessante Dinge tun, Musik machen, ins Theater gehen, so, wie wir es einige Monate, bevor wir sie in der Provence besuchten, in Paris getan hatten. Und dann wurden wir von heute auf morgen Verlobte, nur weil zwei zukünftige Schwiegermütter es so wollten. Und ich und der Junge taten nichts Interessantes mehr und die Verlobung führte dazu, daß sich alle Leute von uns zurückzogen. Es war wirklich eine groteske Angelegenheit!«

Tatsächlich wußte ich überhaupt nicht, was aus ihm geworden war. Ich hatte jedes Jahr die Ergebnisse des Staatsexamens im Fach Griechisch verfolgt, um herauszubekommen, ob er bestanden hatte; und eines Tages fand ich seinen Namen auch auf der Liste – er hatte seine Prüfung also geschafft. Ich habe ihm dazu in einem Brief gratuliert, aber er hat mir nie darauf geantwortet. Und eines Tages teilte mir meine Mutter mit: »Weißt Du, D. hat geheiratet.« Ich habe ihr darauf geantwortet: »Gott sei Dank! Jetzt werde ich endlich auch an mich denken dürfen!« Denn ich hatte ihm damals, als wir uns bei der Trennung sechs Monate Bedenkzeit gegeben hatten, in denen wir uns nicht sehen durften, mein Wort gegeben. Und durch das ganze Durcheinander, das dem gefolgt war, haben wir uns dann nie mehr gesehen. Ich wußte gar nicht, was er über unser »Abenteuer« dachte, fühlte mich ihm gegenüber aber verpflichtet, mein Wort zu halten: »Auf jeden Fall, D., muß ich wissen, daß Sie glücklich sind, nur dann würde ich für mich das Recht in Anspruch nehmen wollen, auch glücklich zu sein.« Eigentlich war es merkwürdig, denn wir wohnten ja im gleichen Viertel. Vor dieser Geschichte trafen wir ihn oder seine Schwestern oft durch Zufall auf der Straße; aber danach haben wir uns nie wieder getroffen. Er ist aus meinem Schicksal wirklich herausgetreten und ich aus seinem. Ich behielt immer die Vorstellung im Kopf, daß wir uns auf jeden Fall einmal wiedersehen würden, und daß wir, wenn jeder von uns eine andere Entwicklung eingeschlagen hätte – uns mitteilen würden, da wir uns durch unser Wort dazu verpflichtet hatten. Ich hatte mich schließlich durch mein Wort auf eine Perspektive hin verpflichtet, mit »ihm später vielleicht einmal zusammenzuleben«. Wie es schien, hat er mich wohl geliebt. So genau weiß ich nun auch nicht mehr, was damals eigentlich losgewesen war, ich war ja zwei Jahre älter als er, wahrscheinlich beeindruckte ich ihn, er hatte ja auch ältere Schwestern... Was er an mir wohl geliebt haben mag? Vielleicht meine Lebendigkeit, vielleicht meine Kindheit?

Ab und zu habe ich durch Mutter etwas von ihm gehört. Er sei später Lehrer geworden. Er habe eine Frau geheiratet, die er liebte und sie hätten zusammen sechs Kinder bekommen, wie sie mir dann viel später erzählte. Es war also alles gut gegangen. »Also werde ich mein Leben leben können, weil er glücklich ist und kein Alkoholiker.« Das war 1935, ich arbeitete als Medizinstudentin im Krankenhaus und konnte endlich mein Leben leben. Meine Mutter sah mich entgeistert an (das war drei oder vier Jahre, bevor ich Boris Dolto kennengelernt habe), denn sie wußte damals ja gar nicht, was zwischen mir und diesem D. stattgefunden, beziehungsweise eben nicht stattgefunden hatte. »Ich werde Dich wirklich nie verstehen, meine arme Françoise!«

Und die Psychoanalyse?

Mein Psychoanalytiker hat bei mir das Interesse für die Psychoanalyse

geweckt. Aber eigentlich wollte ich Kinderärztin bleiben, eine Kinderärztin, die die Psychologie des Kindes versteht. Ich muß dazu sagen, daß mir mein Vater auf Befehl meiner Mutter das Geld gestrichen hatte, das er mir anfangs für die Sitzungen bei Laforgue gegeben hatte. Ich hätte also meine Psychoanalyse mit einem Mal beenden müssen. Laforgue war aber so intelligent, mir den Preis zu reduzieren, damit ich ihm wenigstens einen Teil der Kosten bezahlen konnte – meine Schulden sollte ich ihm dann später zurückerstatten, wenn ich selbst Geld verdienen würde. Übrigens war dies der Grund dafür, daß ich nie einen Pfennig besaß, weil ich mein ganzes Geld für die Psychoanalyse ausgab. Und das Geld, das ich durch Vertretungen im Krankenhaus verdiente, ging auch dafür drauf. Laforgue gegenüber fühlte ich so etwas wie eine moralische Verpflichtung, weil er den Preis herabgesetzt hatte, damit ich weitermachen konnte, damit ich mit der Analyse nicht plötzlich aufhören mußte. Es ist nämlich sehr gefährlich, eine Psychoanalyse plötzlich zu unterbrechen. Ich spürte es, denn nur durch die Analyse konnte ich damals mein Gleichgewicht aufrechterhalten – also nach dieser Zeit, als ich plötzlich die Hure war, die ihren Verlobten im Stich läßt, die dieses oder jenes falsch machte... Ich fühlte mich zur Psychoanalyse jedoch eher gezwungen, bis Laforgue eines Tages zu mir sagte: »Sie scheinen gar nicht zu bemerken, wie begabt Sie für die Psychoanalyse sind, und daß wir neue Psychoanalytiker brauchen. Sie sollten die Ausbildung zu Ende führen und an Kontrollseminaren teilnehmen.« Und so geschah, daß ich 1934, nachdem ich meine eigene Psychoanalyse abgeschlossen hatte, an den Seminaren des Instituts teilnahm und Erwachsene in die Analyse bekam.

Ich hatte als Ärztin ja bereits Erwachsene behandelt, auch psychotische Erwachsene, damals, als ich in den psychiatrischen Anstalten gearbeitet hatte. Laforgue und andere Psychoanalytiker schickten mir neurotische Patienten und so habe ich angefangen, unter der Supervision von so berühmten Psychoanalytikern der damaligen Zeit wie Hartmann, Garma, die beide die Psychoanalyse in Südamerika verbreiteten, und dann auch unter Loewenstein und Spitz. Ich saß bei all diesen Leuten im Kontrollseminar und sie fanden, daß ich gute Arbeit leistete.

Dann wurde ich zuerst assoziiertes Mitglied, später Mitglied der *Societe de Psychanalyse* in Frankreich. Während des Krieges habe ich dann mit Erwachsenen weitergearbeitet, da nicht mehr viele Kinder in Paris waren; eigentlich habe ich die Psychoanalyse damals immer mit Erwachsenen durchgeführt, außerdem hatte ich einige psychotherapeutische Sitzungen und einige Kinderanalysen. Als praktische Ärztin arbeitete ich während des Krieges aber weiter. So habe ich in Boulogne einen Arzt vertreten. Zu dieser Zeit half mir Boris Dolto, den ich bereits kennengelernt hatte, die Röntgenbilder zu lesen. Er kannte mich bereits, ohne mich jemals gesehen zu haben, denn er hatte meine Doktorarbeit gelesen, die damals bei *Amédée Legrand* erschienen war. Er hatte mir nach Trousseau, wo ich bereits arbeitete, geschrieben: »Ich schicke Ihnen eine kleine Patientin. Als sie so behandelt wurde, wie Sie es empfohlen haben, ist ihr Stottern innerhalb von 14 Tagen verschwunden. Leider trat ihr Sprachfehler nach einer bestimmten Szene mit ihrer Mutter wieder auf. Ich schicke sie Ihnen also...« Und so empfing ich in Trousseau eine seiner Patienten. Das war Ende 1940 und sie ist auch tatsächlich wieder gesund geworden. Wir haben uns anschließend über Freunde von ihm regelmäßig gesehen – und so hat sich das Leben für mich ergeben! Ich habe von meinem Leben als Kind keinen Groll zurückbehalten und auch nicht von meiner schwierigen Jugend, im Gegenteil. Ich glaube, daß ich einerseits sehr, sehr unglücklich gewesen bin und möchte mein Leben aus der Zeit zwischen zwölf und dreißig Jahren auf keinen Fall noch einmal erleben. Auf der anderen Seite halte ich diese Zeit für eine ganz außerordentliche Lehrzeit, die es mir ermöglicht hat, die Differenzen und die Verständnislosigkeit zwischen Menschen zu verstehen, die sich doch am meisten lieben, die auf jeden Fall alle Trümpfe in der Hand gehabt hätten, sich zu lieben, wenn sie sich gegenseitig nur verstehen könnten; sich so, wie sie sind, respektieren, was sie aber aus den verschiedensten, komplexen Gründen nicht fertig bringen, sei es aufgrund von unbewußter Rivalität, festgefahrenen Auffassungen, apriori Urteilen oder auch wegen der Eifersucht zwischen Mutter und Tochter. Denn meine Mutter ist, wie ich erst nachträglich verstanden habe, auf mich eifersüchtig gewesen. Das zu verstehen, habe ich sehr lange gebraucht. Sie war neidisch auf mich, weil es mir gelang, mich von den Fesseln des bürgerlichen Lebens, in das ich als junges Mädchen eingesperrt war, zu befreien. Und ich glaubte, daß diese schlimme Erfahrung, der Tod ihrer ältesten Tochter, die Ursache für ihr Verhalten gewesen sei. Ich hatte mit meiner Mutter sehr großes Mitleid. Und auch mit meinem Vater. Das Leben zu Hause war vor dem Tod meiner Schwester sehr fröhlich gewesen. Selbst während des Krieges herrschte zwischen meinen Eltern eine fröhliche Stimmung, wenn sie sich wiedersahen. Vor dem Tod meiner Schwester verstanden sich beide sehr gut, aber sie erlebten die Trauer auf jeweils verschiedene Weise, was ausschlaggebend für die veränderte Atmosphäre wurde. Mein Vater wollte immer wieder über meine Schwester sprechen, doch meine Mutter hatte sie auf abstrakte Weise idealisiert und verboten, daß man von ihr sprach. So hatte sie den Kleiderschrank meiner Schwester mit allen ihren Kleidern, die von den Motten langsam zerfressen wurden, als Fetisch aufgehoben. Im Zimmer meiner Eltern gab es auch eine Ecke, die völlig tabu war, sie wirkte wie eine kleine Kapelle, es waren dort die Photos meiner Schwester aufgestellt und davor standen immer Blumen. Bis zur Geburt von Jacques hielt diese Situation an. Dieses Drama um ein junges und schönes Wesen...

Man muß jedoch sagen, daß Krebs gerade zu jener Epoche eine fürchterliche Krankheit war, fürchterlich, weil sie über einen Zeitraum von eineinhalb Jahren wußten, daß meine Schwester trotz aller Anstrengungen, die man unternahm, unheilbar krank war, und daß sie nicht mehr länger als zwei Jahre zu leben hatte. Und man hatte es ihr zu verschweigen, mußte sie ablenken. Sie ist mit 18 Jahren gestorben. Sie war im übrigen ein Mädchen, das beim anderen Geschlecht Erfolg hatte. Sie war das Gegenteil von mir und hatte auch keine Neigung zu studieren. Sie lachte und tanzte gern und mochte es, sich schön zu machen. Mir fiel das Lernen schon als kleines Kind sehr leicht: Ich gab mir kaum Mühe und hatte dennoch immer die besten Noten. Sie war ein Mädchen, das sehr nach außen hin orientiert war; sie mochte Tanzen, die Spaziergänge mit anderen Jugendlichen, das Lachen, die einfache Verführung; sie spielte auch Geige, sehr gut. Sie liebte das Leben und war sehr gesellig... Sie besaß also einen ganz anderen Charakter als ich. Sie starb dann im Sommer an einer Lungenembolie und meine Eltern bekamen noch nach ihrem Tod Heiratsanträge von jungen Männern, die gar nicht mitbekommen hatten, daß sie krank gewesen war und nun tot. Es ist wirklich verrückt. Wenn sie tanzte, ist es für mich wie der Frühling von Botticelli gewesen! Sie war Ende des Krieges sechszehn Jahre alt, und damals feierte das gesellschaftliche Leben eine regelrechte Auferstehung, es herrschte überall eine unglaubliche Freude. Tango, Foxtrott, es war schon eine tolle Stimmung, die das Leben in Paris im Anschluß an den Waffenstillstand von 1918 prägte... Überall wurde getanzt, die Leute feierten ständig. Meine Schwester Jacqueline war davon begeistert. Ostern 1919 ist sie im Gebirge gestürzt. Man diagnostizierte ein Hämatom, nein, es handelte sich um Knochenkrebs. Meine Eltern wußten Bescheid, sie jedoch nicht. Überall waren die jungen Männer verrückt nach ihr, weil sie viel »Pep« und Ausstrahlung besaß. Auf meine Mutter mußte das besonders tragisch wirken. Bis zur Kommunion wußte ich ja selbst nichts von diesem Drama. Ich bemerkte nur die Angst meiner Mutter: daß meine Schwester zu viel ausgeht, sich zu sehr verausgabt...

Ohne diese Trauer, die die Familienstruktur zutiefst erschüttert hatte, wäre ich niemals Psychoanalytikerin geworden. Ich denke schon, daß ich auf jeden Fall

Ärztin geworden wäre, weil ich es ja schon lange vorgehabt hatte – seit ich achtzehn Jahre alt war – aber wenn meine Schwester nicht gestorben wäre und ich diese pathologische Trauer meiner Mutter, die psychischen Schmerzen und die Verwirrung meines Vaters, das Leiden meines ältesten Bruder Pierre, der der Gefährte von Jacqueline gewesen war, um zwei Jahre jünger und ihr so sehr nahe, nicht erlebt hätte, wäre ich keine Psychoanalytikerin geworden. Und dann kam noch diese Geburt des Jüngsten, die ja nichts wiedergutmachen konnte und auch keine Befriedigung mit sich brachte, die sich meine Mutter davon versprochen hatte. Ihr ging es nur um die Reinkarnation ihrer Tochter, nur das wollte sie. Sie ging von einer Wahrsagerin zur anderen, die ihr ohne Zweifel halfen. Zum Glück war der Junge, der da auf die Welt gekommen war, nicht auch noch blond mit blauen Augen. Und noch mehr Glück war, daß dieses Kind nicht als Mädchen zur Welt kam und für unsere Mutter den Platz der anderen Tochter eingenommen hat.

Dieses jüngste Geschwister war Jacques, der später Senator wurde und den praktisch ich erzogen habe. Das heißt, ich kümmerte mich den ganzen Tag um ihn. Da ich ja bis auf zwei Tage in der Woche, an denen ich Kurse hatte, zu Hause war, bin ich viel mit ihm draußen gewesen, also spazierengegangen. Bei ihm habe ich zum ersten Male die Intelligenz des kindlichen Daseins entdeckt. Ansonsten kannte ich die Kinder noch nicht so gut. Ich hatte zwar bereits zwei jüngere Brüder gehabt, hatte ihre vielfältigen Reaktionen, die man damals noch nicht als »psychosomatisch« bezeichnete, beobachtet, aber der Altersunterschied war nicht groß genug gewesen – Philippe war vier Jahre und André sieben Jahre jünger als ich. Erst als ich fünfzehn wurde, habe ich mit Jacques entdecken können, wie sich ein Kind entwickelt. Ich empfand die Intelligenz eines Kindes einfach großartig, eines Kindes, das zu allem Fragen stellt, auf die ich selbst oft keine Antwort wußte. Und ich antwortete ihm: »Ich weiß es nicht, aber ich werde herausfinden, wie ich Dir antworten kann.« Bei jeder Statue, bei der wir während unserer Spaziergänge vorbeikamen, fragte er mich, wer es denn sei. Und wenn ich es nicht wußte, sagte ich ihm: »Ich werde im Lexikon nachschlagen. Morgen sage ich es Dir.« Bevor wir also in den öffentlichen Parks spazierengingen, hatte ich mich vorbereitet und wußte ihm dann von jener Nymphe oder jener Göttin etwas zu berichten: Er war vor Freude außer sich und betrachtete sie wie seine Nachbarn. Er verstand auch sofort die Metaphern der verschiedenen Flüsse und Nebenflüsse Frankreichs, die durch größere oder kleinere Kinder dargestellt wurden. In den Tuileries sind die Rhône, die Loire und die Seine liegende Figuren mit haufenweise Kindern um sich herum. Es waren allegorische Statuen. Mich beeindruckte dies auch deswegen so stark, weil es mir so vorkam, als hätte ich als Kind gar nicht verstanden, daß man Nebenflüsse eines Flusses durch lebendige Kinder darstellen könnte. Ich habe es ihm erklärt, damals mit 16, 17 oder 18 Jahren und er war klein, ein Jahr, zwei oder drei Jahre. Er ließ sein Schiffchen im Becken der Tuileries fahren, wenn ich mit ihm dort hinging. Ich hatte ihm einmal die Namen der Flüsse und Nebenflüsse auf den Statuen erklärt – sofort erkannte er sie. Er sagte mir auch die Namen der Figuren, die die Statuen angeblich darstellten und wußte von ihrer Geschichte, weil ich sie ihm einmal erzählt hatte. Er verfügte über ein phantastisches Gedächtnis, das ich sehr an ihm bewunderte. Ich erinnere mich, als er noch klein war: »Vava, erzähl' die Geschichte mit dem Pferdchen Pegasus!« Also mußte man von Pegasus, dem geflügelten Pferd erzählen... All diese Erlebnisse mit Jacques riefen bei mir die Geschichte der Moderne und des Altertums, die Mythen und Märchen wach. Er stellte über alles Fragen. Ich wußte nicht immer Bescheid, aber informierte mich, um ihm antworten zu können, um ihm die Geschichte von dieser oder jener Figur oder diesem oder jenem Bauwerk erzählen zu können. Die Intelligenz eines Kindes ist wirklich interessant.

Ich hatte nicht gewußt, daß ich ›mütterlich‹ war, wirklich nicht. Aber offensichtlich war ich es. Insbesondere Laforgue hat es mir gesagt: »Sie wissen nicht, wie sehr mütterlich Sie sind.« Ich wußte überhaupt nicht, daß man es so nannte, wenn man dazu beitrug, die Intelligenz und Gefühlswelt eines Kindes zu wecken. Ich merkte nur, daß ich beim Kind in der Tat bewunderte, daß es für alles, ja, für die ganze Welt offen ist, und daß es gleichzeitig im Symbolischen und im Allegorischen, in der Realität und im Traum herumschwimmt. Daß es sich an alle Geschichten, die man ihm erzählt, erinnert und einen fragt, ob es sich um echte oder erfundene Leute handelt. Und warum das, was man erfindet, nicht wirklich sein kann. Wenn es auch ganz und gar realitätsbezogen ist, so ist es doch in der Lage, sich die Figuren einer Geschichte vorzustellen und zu verstehen, daß es sich um die Darstellung von Phantasmen handelt – etwas, was seine tägliche Anpassung an die Realität keinesfalls behindert. Das war es, was mich interessierte, aber ich war dadurch nicht mütterlich, so daß ich ihn also liebkosen wollte, sondern mütterlich eher in dem Sinne, daß ich versuchte ihn zu verstehen und wenn er Kummer hatte, herauszufinden, woran es lag und warum er so fühlte. Außerdem hatte er ja seine Mutter, und nie habe ich versucht, seine Mutter sein zu wollen, ich war seine große Schwester und übrigens auch seine Taufpatin. Meine Mutter hatte es so gewollt und auch, daß Pierre, der älteste Bruder, sein Taufpate sei. Meine Mutter hatte ihn gestillt, bis er 18 Monate alt war, woraus eine starke Bindung von ihr zu ihm resultierte. Ich ging also mit ihm spazieren, legte ihn trocken und wir, das heißt meine Mutter oder ich, wuschen ihn. Ansonsten ging ich meinen eigenen Beschäftigungen nach, ich übte auf meiner Geige, las viel, ging zu Vorträgen, die mich interessierten; ich beschäftigte mich mit ihm, um mit ihm spazierenzugehen, um ihm die

Namen von Dingen, Blumen oder Tieren in den Büchern entdecken zu lassen. Alle Fragen die er stellte, waren auch Fragen, die mich selbst interessierten, die ich mir selbst stellte, und ich antwortete ihm so gut ich konnte, wobei ich mir meiner eigenen Ungeschicklichkeit durchaus bewußt war. Und ich glaube, genau das ist es, was ein Kind wirklich braucht. Es möchte dem Erwachsenen Fragen stellen und der Erwachsene soll sie ernst nehmen und nicht nur irgend etwas so dahinantworten. Das habe ich mit Jacques entdeckt.

Die Grundlage der kindlichen Intelligenz...

Das Kind ist zuerst einmal ganz von seinen Sinnen bestimmt. Die Intelligenz des Kindes erstreckt sich auf Wahrnehmungsunterschiede und das Kind stellt sich über diese Unterschiede Fragen: Warum ist das? Was ist das? Damit will ich sagen, daß die Fragen dieses Kindes, die bei mir wiederum Fragen auslösten, in bezug auf die Gemälde bei uns zu Hause und die Skulpturen, die wir draußen gesehen haben, aufgetaucht sind, d. h. in Zusammenhang mit Kulturleistungen beziehungsweise dem wechselnden Aussehen der Natur entsprechend den Jahreszeiten. Geht man zum Beispiel mit einem Kind in der Stadt spazieren, sieht man Enten, die man füttert oder man unterscheidet die Jahreszeiten, wenn die Blumen blühen oder die Bäume keine Blätter mehr haben; sind sie dann tot, sind sie lebendig? Ja, sie sind lebendig, aber man kann es nicht sehen. Und die Eier, die sehen wie ein beliebiger Gegenstand aus, doch auch sie sind lebendig, man wüßte es, wenn man sie aufschlagen würde, oder wenn sie ausgebrütet werden, käme vielleicht ein Küken heraus... Bei allem handelt es sich um Dinge, die für ein Kind nicht selbstverständlich sind, wenn sie ihm nicht vom Erwachsenen erklärt werden. Das Kind stellt Fragen und oft erstickt man seine Frage. Das erste Jahr, in dem wir mit ihm kleine Entlein sahen, hat er mich darauf gebracht: »Aber wo hat diese Ente die Entlein gefunden, wo waren sie vorher?« Wir waren spazieren, wir sahen keine Enten und plötzlich tauchten fünf oder sechs davon auf, die hinter einer Entenmutter herschwammen. Ich hatte es verlernt, mir »Warum-Fragen« zu stellen. Ich fand zu dieser Ursprungsfrage wieder zurück über ein Kind, das mich gefragt hatte: »Aber wo waren sie vorher?« Ich erklärte ihm, daß sie vorher in einem Ei waren... Ein kleiner Junge stellt sich allerlei Fragen, ein kleines Mädchen auch. Und es ist sehr schwierig, diese Phase des Lebens zu rekonstruieren. »Wenn wir also ein Ei nicht essen würden, könnte es ein Küken werden?« Immer wieder die Konditionalform – entsprechend den Bedingungen oder dem Zusammenhang von Ursache und Wirkung. Ein Kind entdeckt ihn, und stellt dann in dieser Hinsicht ständig Fragen. »Ist es wirklich eines Tages passiert, daß ein Pferd Flügel bekam?« – »Nein, es ist nicht wirklich so gewesen.« – »Ja, aber warum dann?« Mit einem Kind läßt sich ein langes Gespräch führen, wenn man ihm eine Antwort mit »ich weiß es nicht« gibt. Und nicht mit

»ich weiß es nicht« und »hör endlich auf«, sondern: »Ich weiß es nicht, ich muß darüber nachdenken.«

Ich kann mich erinnern, daß Jacques glaubte, die Leute seien in den Schallplatten eingesperrt. Als er klein war, bekamen wir die ersten Schallplatten nach Hause. Jacques war nahezu von Geburt an sehr musikalisch. Damals spielten wir ja jeden Abend Musik und man schob seine Wiege ins Wohnzimmer, wenn er wach war. Sobald wir eine falsche Note spielten, fing er an zu weinen. Es klingt unglaublich, aber die geringste Abweichung im Ton brachte dieses neugeborene Baby zum Weinen!

Und dann weinte er auch, wenn wir etwas in Moll spielten. Er verfügte über ein absolutes Gehör und war später ein guter Klavierspieler, er konnte über kurze Zeit sehr gut improvisieren. Jacques war also sehr musikalisch und André, das vorletzte Kind in der Familie, auch. Als er dann größer wurde, kam er jedesmal wenn wir spielten, setzte sich auf seinen kleinen Kinderstuhl, hörte zu und gab sein Urteil ab. Und der Orchestermusik am Sonntag hörte er genau zu, wenn das Orchester einmal gerade bei uns spielte, denn diese Konzerte fanden immer abwechselnd, entweder bei uns oder bei einer anderen Familie statt, er kannte die Musik ganz genau und jedesmal, wenn etwas danebenging sagte er: »Hahaha, die Geigen, hahaha!« Damals war er achtzehn Monate oder zwei Jahre alt. Wir lachten, weil es stimmte, daß die Geigen falsch gespielt hatten. Oder es war ein Cello oder ein anderes Instrument, das nicht gestimmt hatte. Er sagte es sofort. Das war sehr lustig. Er wurde nicht verwöhnt, war eher ein Kind, das zuviel allein war. In seiner Erinnerung hat er eine strenge Kindheit verlebt, eine Kindheit zwischen alten Eltern und großen Geschwistern, die nie da waren. Aber da er sich für sehr viele Dinge interessierte, nahm ich ihn auch ins Museum mit, wohin ich gerne ging. Und schließlich wurde auch »Fräulein« für ihn wieder ins Haus geholt und hat für ihn ihren Beruf als Hauslehrerin dann das letzte Mal ausgeübt. Als er älter wurde und zur Schule ging, war es für ihn die größte Enttäuschung, wenn man am Donnerstag oder Sonntag nicht mit ihm ins Museum ging. Das war für ihn das Allerschlimmste. Und im Museum öffnete sich darauf die Welt für ihn – aber auch für mich über die Fragen, die er mir dort stellte. Danach hat sich die Hauslehrerin sehr um ihn gekümmert. Ich glaube, daß sie für ihn die meiste Zuneigung von allen Kindern empfand. Wegen meiner verschiedenen Beschäftigungen und der Schwesternausbildung hatte ich damals wenig Zeit für ihn. Und als er schließlich zehn Jahre alt war, haben wir uns kaum noch gesehen. Ich hatte ja das Haus verlassen, und wenn ich zu Besuch kam, tat er so, als würde er mich kaum kennen, um mit meiner Mutter nicht zu viele Schwierigkeiten zu bekommen. Und sehr früh hat er seine Ferien bei irgendwelchen anderen Familien im Ausland verbracht. Zum einen, weil er sehr sprachbegabt war, zum anderen, weil zu Hause diese strenge Atmosphäre herrschte... Ich sah ihn kaum noch. Aber ich bin mir sicher, daß ich durch den Kontakt zu Jacques für Kinder empfänglich wurde. Vorher war ich dafür empfänglich, Kinderärztin zu werden, aber mit ihm habe ich die Psychologie des Kindes entdeckt – und nicht nur emotionale Reaktionen mit irgendwelchen physiologischen Wirkungen, wie ich sie bereits bei meinen jüngeren Brüdern und auch bei den Größeren beobachtet hatte. Ich hatte durch meine älteren Brüder die Zerbrechlichkeit von Kindern vor strafenden oder ängstlichen Verhaltensweisen von Erwachsenen entdeckt, besonders, wenn die Eltern im Unrecht waren und das Kind es weiß – das alles versetzte mich immer wieder in Erstaunen.

Ich habe überhaupt mein ganzes Leben lang nie aufgehört zu staunen. Ich weiß nicht woher diese Fähigkeit zu staunen, dieses »immer wieder überrascht sein«, und mein »Nachdenken über« herrühren. Ich denke mir, daß es mit der Vorstellung des Schönen zu tun hatte, die ich schon erwähnte. Das waren meine Überraschung, mein Unbehagen darüber, nicht dasselbe Gefühl für das Schöne zu haben, wie die Eltern. Und auch nicht für das Gute und das »Nicht–Gute«. Ich verstand nicht, warum es »nicht gut« sein sollte, mit Kindern einer anderen Familie zu sprechen, langweilte mich ohne Kontakt zu anderen und isoliert zu sein. Wahrscheinlich schärfte sich meine Beobachtungsgabe dadurch: Was für Unterschiede gibt es wirklich zwischen uns und den anderen, so daß die Eltern den Kontakt zwischen ihnen und uns fürchteten? Dann hörte ich genauer hin: Ihre Sprache war nicht ganz dieselbe wie in der Familie. Ich dachte über diese Differenz nach. Da ich nie das Gefühl hatte, daß man mich willkürlich frustrierte, suchte ich nach dem Grund, der die Eltern motivierte so zu handeln, fand aber nicht immer eine Erklärung hierfür. Ich hatte nie den Eindruck, daß meine Eltern mich nur so behandelten, um mich damit zu ärgern. Nie kam mir die Idee, daß man etwas tun könnte nur, um den anderen zu ärgern. Viele Kinder haben die Vorstellung, daß ihre Eltern absichtlich zu ihnen böse sind oder ungerecht. Das kommt oft vor. Aber selbst meinen Geschwistern habe ich nie solche Absichten unterstellt.

Ich kann mich erinnern, daß in meinem Leben die Überraschung eine so große Rolle spielte, daß ich sie manchmal mit Absicht hervorzurufen versuchte: Wenn ich ein bißchen Geld gewonnen hatte, oder wenn ich von meinem Vater eine hübsche Summe zur Belohnung bekam, weil ich gute Noten hatte, verlor ich das Geld im Haus, um es zu vergessen. Das tat ich deshalb, um dann später die Freude zu haben, das Geld wiederzufinden bzw. ging es eigentlich um etwas anderes: Die Entdeckung von etwas erschien mir als so angenehm, daß ich versuchte, mir die Freude an solchen Entdeckungen zu verschaffen. Und ich konnte das Geld auch gar nicht ausgeben, ich hatte ja gar keine Gelegenheit dazu, ich wußte nicht einmal, für was man es ausgeben könnte; sobald ich einen Kreisel gekauft hatte, wußte ich wirklich nicht, was man sich sonst noch wünschen könnte. Ich hatte lange Zeit keine Wünsche, zumindest so lange, bis ich den Wunsch äußerte, mir einen Detektor zu basteln. Das war das erstemal, daß ich Geld brauchte. Ich wußte ja, daß man zum Geburtstag und später zu Weihnachten Geschenke bekam; also wartete ich auf diese äußerst günstige Gelegenheit für die ganzen Geschenke. Ein Kreisel, ein Springseil, ein Wollknäuel zum Stricken für meine Puppe, damit erschöpften sich meine Wünsche. Was konnte man außerdem denn noch haben? Eine Puppe hatte ich ja schon. Besonders gern arbeitete ich für meine Puppe, um ihr viele Kleider anzuziehen. Aber ich hätte nicht 36 Puppen, auch nicht mehrere davon, gewollt. Eine genügte vollkommen. Ich hatte also letztlich gar keine Wünsche. Mein einziger Wunsch bestand darin zu verstehen, was um mich herum stattfand. Und das kannte kein Ende. Übrigens war es, um noch einmal auf mein Geld zurückzukommen, komisch, daß ich die Groschen mit Absicht versteckte, um sie vielleicht später überraschend wieder zu entdecken und überhaupt nicht merkte, daß sich meine älteren Brüder über mich lustig machten. Wahrscheinlich hatte ich ihnen mein Spiel verraten. Sie verfolgten mich unbemerkt, wohl wissend, daß ich Spaß daran fand, mein Geld zu verlieren, um es später wiederzufinden – wobei ich auch noch Freude daran empfand, es nicht wiederzufinden. Denn schließlich ging es darum, wirklich zu vergessen, wohin ich es versteckt hatte. Für mich war es eine lustige Beschäftigung, das Geld überall zu suchen. Ich habe später erfahren, wie sehr sie sich darüber amüsierten, denn es waren nicht einmal zehn Minuten vergangen, nachdem ich mein Geld in sein sogenanntes Versteck – das ich vergessen wollte, wobei ich gleichzeitig Angst hatte, es nicht zu können – getan hatte, daß die Großen es schon längst »gefunden« hatten; aber natürlich sagten sie keinen Ton darüber zu dem naiven Mädchen, das ich war. Und ich ging regelmäßig zu dem Ort, von dem ich sicher war, es dort versteckt zu haben, und dachte mir, daß es wohl weggezaubert worden wäre, denn ich fand es nicht mehr. Der Zauber wirkte ebenso, wenn ich auf den Ratschlag meiner Brüder dort suchte, denn diese taten so, als würden sie ebenfalls an die »Zauberei« glauben. Ein- oder zweimal habe ich auf diese Art und Weise ein Geldstück gefunden, das vielleicht nicht meines war, das sozusagen den Standort gewechselt hatte und ich erzählte es überall herum: »Dahinter verbirgt sich eine magische Kraft, ich habe es da- und dorthin hingelegt und jetzt woanders wiedergefunden, es ist ja toll.« Meine Brüder dürften sich ins Fäustchen gelacht haben, doch empfanden sie vielleicht ab und zu auch Schuldgefühle, mir das wenige Geld, das ich besaß, zu stehlen; ich selbst aber hegte nicht den geringsten Verdacht gegen sie. Ich dachte, daß »verstecken – es nicht an der gleichen Stelle wiederzufinden – vergessen, wohin ich versteckt habe« zu den magischen Dingen zählen würde. Ich hatte schon eine komische Mentalität. Alles ereignete sich hauptsächlich in unserer ersten Wohnung und dauerte an, bis ich sechs oder sieben Jahre alt war.

Ich versteckte zum Beispiel auch ein Bild, das man mir geschenkt hatte und das ich sehr mochte. Auch das tat ich deshalb, um zu versuchen, es zu vergessen und um dann die Freude zu empfinden, etwas wiederzufinden, was ich sehr gern mochte. Ich bewahrte es also nicht auf, ich habe niemals die Dinge gehortet nur um des Hortens willen. Wenn ich an irgendetwas Freude hatte, wollte ich, daß auch die anderen die gleiche Freude empfanden, darum verschenkte ich diese Sache und sagte: »Ich leihe es Dir aus«, dann wurde es mir nämlich nie zurückgegeben oder ich hatte eben Pech gehabt, wenn es dennoch zurückkam. Auf diese Art und Weise hatte für mich ein anderer die gleiche Freude gehabt, die ich empfunden hatte. Zumindestens glaubte ich daran. Oft wurde mir gesagt: »Und was passiert, wenn jemand anderes das Geld wiederfindet, das Du versteckt hast?« Und ich antwortete: »Er wird aber sehr froh sein, denn es wäre eine schöne Überraschung für ihn. Vielleicht wird er es wieder dorthin zurücklegen, wo er es gefunden hat und ich würde es wiederfinden.« Für mich war Geld nicht etwas, das man brauchte, um sich etwas zu kaufen. Sondern es besaß den Charakter einer Belohnung, es war etwas, was mir geschenkt wurde. Es gehörte mir: also konnte ich damit machen, was ich wollte. Ich hatte niemandem gegenüber Rechenschaft abzulegen. Ich war ein drolliges Kind. Die Erwachsenen lächelten oft über mich. Als Psychoanalytikerin, die ich geworden bin, erscheint mir dieses komische Versteckspiel mit mir selbst eine klare Bedeutung zu haben. Zuerst einmal drehte es sich wohl um den Penis, es könnte zumindestens sein. Aber wahrscheinlich ging es um eine andere, tiefere Ebene, um den versteckten Wert eines Menschen überhaupt, ganz unabhängig von seinem Geschlecht. Es hatte zudem noch etwas mit dem Verlust meines irischen Kindermädchens zu tun. Ich wäre schließlich fast gestorben, aber ich war nicht gestorben, ich war sogar sehr gesund. Es handelte sich um etwas ähnliches wie ein Spiel: Wer zuerst verliert, der gewinnt.

Als meine Mutter starb und alle Schubläden ausgeleert wurden, fand man darin auch viele Briefe an meine Eltern, darunter Postkarten, auf denen die Leute über mich schrieben; daß ich sehr amüsant wäre, aber sie fragten sich doch, was aus mir einmal später werden würde. Daß all die Gedanken, die ich hatte, sie beängstigen würden. Daß ich so viele Ideen im Kopf hätte, daß man gar nicht mehr wüßte, woher ich die alle hätte. Und ich bekam Briefe, in denen immer wieder die Aufforderung stand: »Versuche braver zu werden, weil Du die Erwachsenen fertigmachst.« Ich glaube, es war tatsächlich so, daß ich die Leute fertigmachte, vielleicht, weil ich zu lebendig war. Irgendwann wurde ich dann schließlich zurechtgewiesen. In den Briefen schrieben sie: »Françoise ist immer so drollig, was für ein drolliges kleines Persönchen!« Und ich glaubte immer, daß ich mich vorbeibenahm, daß ich nie die Regeln einhielt und verstand nicht warum. Eine alte Freundin, die ich wiedergetroffen habe, sagte mir: »Als Du in dieser Familie zur Welt gekommen bist, habe ich mir gesagt: ›Aber was sucht denn diese Ente in einem Froschteich?‹ Nie warst Du in Deiner Familie wie die anderen, Du warst immer eine Außenseiterin«. Vielleicht hatte es mit der Irländerin zu tun, die bei meiner Geburt zu uns kam und ein marginales Mädchen war, ein wenig drogenabhängig und poetisch zugleich, sehr feinfühlig, wie mir erzählt wurde, und sich außerdem in der irischen Dichtung sehr gut auskannte. Meine Mutter hat mir gesagt, daß sie es nicht habe fassen können, als sie erfuhr, daß dieses Mädchen bereits in Irland straffällig gewesen sei und darüber hinaus noch zur Strafe als Au-pair-Mädchen nach Frankreich geschickt wurde. Sie war wohl ein außergewöhnliches Mädchen, beziehungsweise eine originelle Irin. Ich denke, daß die Beziehung zu dieser Frau, die mich sehr geliebt hat, einen Einfluß auf die bei mir vorhandenen genetischen Möglichkeiten gehabt hat – und zwar in einem Alter, lange bevor ich die gesprochene Sprache beherrscht habe. Schließlich bin ich fast gestorben, wie sie wegging. Aber da ich gerettet wurde und dabei von ihr alles vergaß, und sogar diese ernste, fast tödliche Krankheit... Alles war wirklich total weg gewesen. Natürlich war es weiterhin anwesend, da es im Verlauf der Analyse wieder auftauchte, aber ich hätte in der Analyse nur Bahnhof verstanden, wenn mich Laforgue, der mir leise zuhörte, nicht eines Tages gesagt hätte: »Fragen Sie Ihre Mutter, ob im Verlauf Ihrer Kindheit nicht irgend etwas mit der rue Vineuse zu tun gehabt haben könnte.« Hätte mein Analytiker mir das nicht gesagt, hätte ich persönlich nie bemerkt, daß ich seit Wochen Dinge zur Sprache brachte, die mit diesen ersten Monaten meines Lebens zu tun hatten und meiner archaischen Liebe zu diesem irischen Kindermädchen.

Ich machte meine Analyse, verstand aber gar nichts. Ich sagte immer wieder zu meinem Psychoanalytiker, daß ich nichts verstand. Ich verstand immer mehr, was sich außerhalb der Analyse um mich herum abspielte, aber ich begriff nicht, warum. Und er meinte mit seinem elsässischen Akzent: »Sie verstehen sehr wohl, vielleicht nicht damit (und er zeigte auf meinen Kopf) aber damit (und er zeigte auf mein Herz).« Auf jeden Fall bin ich ihm dankbar, daß er mich nicht in mir wieder »normal« machen wollte. Ich sprach im Laufe der Analyse, aber er theoretisierte überhaupt nicht. Die Analyse fand in völliger Unwissenheit statt. Und meine Doktorarbeit konnte ich schreiben, weil ich zuvor mit Kindern gearbeitet hatte und andererseits sehr viel Freud gelesen und mit Anmerkungen versehen hatte – allerdings ohne darüber zu sprechen. Meine alten Freud-Ausgaben sind von mir am Rand alle mit Anmerkungen versehen worden, woran ich mich komischerweise nicht mehr erinnern kann, denn es ist schon so lange her. Die Bücher von Freud bedeuteten für mich etwas völlig anderes als die Therapie selbst, denn diese war ganz und gar außerhalb jeglicher Theorie angesiedelt; das Analyse-Buch (l'analyse-livre) war etwas anderes. Die Therapie, also die Therapie von Kindern und was ich von ihnen dabei empfing, konnte ich in dem Moment, wo es stattfand, nicht spontan in Einklang mit einer Theorie bringen. Erst in meiner Doktorarbeit habe ich beides zusammengebracht. Erst darin habe ich das, was zwischen mir und den Kindern passierte, in Verbindung zur Theorie setzen können. Davor wäre es nicht möglich gewesen. Und was die Theorie meiner eigenen Analyse betrifft, so war ich niemals in der Lage, sie zu formulieren.

Wenn ich nun an diese ... verlängerte Kindheit zurückdenke... Mein Mann, meine Kinder waren immer sehr erstaunt, daß ich in einer solchen Familie großgeworden bin und dort auch solange geblieben, denn schließlich waren es vierundzwanzig Jahre, ohne mich vom Fleck zu rühren! Sie finden es sehr erstaunlich, daß ich aus solch einer Familie stamme, denn ich sei ja ganz anders. Aber für mich ist es nun einmal so gewesen. Mich hat es niemals erstaunt, ebensowenig, daß ich aus dieser Familie stamme. Wenn ich sie sehe, dann mag ich sie schon gerne; aber ich möchte nicht so leben wie sie (ich meine, wie meine Brüder, ihre Frauen und ihre Kinder), denn ich würde mich sehr langweilen, auch heute noch. Ich glaube eigentlich nicht daran, daß die Familie eine ausschlaggebende Rolle spielt. Natürlich wird durch sie ein bestimmtes Erziehungsklima geschaffen. Doch das Wesentlichste ist nicht darin, also in den Gewohnheiten der Leute zu suchen. Wenn man immer wachsam bleibt – wie ich es von Natur aus war –, wenn man immer wieder zu verstehen versucht, warum die Leute, die um einen herum sind, so handeln und reagieren, identifiziert man sich nicht mit ihnen. Ich kann mich daran erinnern, daß nach dem Tode meiner Schwester meine Mutter, krank wie sie war, dauernd das Bedürfnis hatte, daß ich mit ihr sprach, bei ihr war, und dabei ging es ihr nur darum, mich nachzuahmen oder umgekehrt, ich sollte so aussehen wie sie. Sie wollte mich so anziehen wie sie selbst, das heißt, wir gingen zusammen zu einem Schneider und sie ließ für mich den gleichen Mantel anfertigen, den sie besaß, die gleiche Größe, nur eine andere Farbe. Und ich sagte mir: »Offensichtlich braucht sie es, sonst würde sie sich gar nicht mehr schön anziehen, denn sie hat diesbezüglich keine Wünsche mehr für sich allein. Wenn sie sich also nicht so kleiden würde wie ich, die lebendig ist...« Ein anderes Mädchen hätte die Sache vielleicht gestört. Aber mich störte es überhaupt nicht, weil ich wußte, daß ich mit fünfundzwanzig Jahren Medizin studieren und mein Leben leben würde, daß ich zu Hause blieb, um die Zeit bis dahin zu überbrücken und diese Zeit dazu zu verwenden hatte, die Leute um mich herum glücklich zu machen... Es war eine naive Vorstellung. Sogar ein bißchen verrückt. Das Leben erschien mir in der Zeit dieses Wartens überhaupt nicht langweilig, weil ich in den Tag hineinlebte und immer sehr beschäftigt war und der Rest war mir irgendwie egal. Ich fühlte schon das Leiden um mich herum, konnte dem aber dadurch aus dem Weg gehen, daß ich unter diesen leidenden Erwachsenen ein geistig-kulturelles Leben führte. Das war zwar alles nicht sehr berühmt, aber gemerkt habe ich das erst später. Ich glaube, daß ich trotzdem einen eigenartigen Zug an mir habe, den mir die Leute unwissentlich vorwerfen; es handelt sich dabei auch um einen etwas abweichenden Effekt, diese Unfähigkeit, etwas als gemein, »mir weh tuend« zu emfinden. Mir fehlt die Vorstellungskraft, bei irgendjemandem eine Gemeinheit zu vermuten, beziehungsweise handelt es sich wohl um einen Mangel an defensiv zu verwendender Aggressivität anderen Menschen gegenüber. Ich kann nicht bewußt aggressiv sein. Natürlich können sich Leute durch mich »vor den Kopf gestoßen« fühlen (oder brüskiert), aber ich konnte nie an mir beobachten, daß ich absichtlich gemein sein wollte... Ich konnte dieses Gefühl sogar nicht einmal auf jemanden projezieren, der sich mir gegenüber so verhalten hätte. Es handelt sich um eine Art Verkrüppelung. In bezug auf aggressive Strebungen bin ich behindert, ich fühle mich immer dazu berufen, die Standpunkte oder die Motivation der anderen zu verstehen, die sich von den meinigen unterscheiden. Ich bin immer bereit zu kooperieren, aber nicht zu rivalisieren. Ich verfüge über die Aggresivität, um das zu erreichen, was ich mir wünsche, nehme aber eher eine Position passiver Verteidigung ein und stelle mir vor allem Fragen, wenn ich mit jemandem konfrontiert bin, der mir, ohne daß ich wüßte warum, negative Gefühle entgegenbringt. Vielleicht handelt es sich auch um eine gewisse Feigheit, im Falle eines Konfliktes niemals selbst anzugreifen. Ich finde, daß man nur Zeit und Energie damit verliert, wenn man sich durch Angriff verteidigt oder sich sogar vor ungerechtfertigten Angriffen zu rechtfertigen versucht. Man sollte Aggressionen vermeiden, damit bin ich einverstanden, man sollte die anderen nicht angreifen; ich lege Wert auf das, was ich denke. Vielleicht liegt es auch daran, daß ich mir nie sicher bin, recht zu haben. Hinzukommt, daß ich meistens denke, daß derjenige, der mich angreift, es nur deswegen tut, weil er mich für das verantwortlich macht, was ihn unglücklich macht. Dies stimmt mich schon ein wenig traurig, aber ich fühle mich dafür nicht verantwortlich. Schon als ich ganz klein war, ging es mir so. Ich verfüge vielleicht vom körperlichen und vegetativen über eine sehr große physiologische Kraft, eine Art von proto-archaischem Narzißmus. Meine Mutter sagte mir immer ernst, mit bedächtigem Ausdruck auf ihrem Gesicht: »Ich glaube, daß Du ein Monstrum bist.« Ich verstand nicht, was sie damit sagen wollte – besonders wenn sie dann hinzufügte: »Du kannst nichts dafür. Es steckt so in Dir!« Vielleicht liegt es an dieser Kraft, die in mir diese ruhige, unerschütterliche physiologische Dynamik ausgelöst hat, eine natürliche und unbedachte Kraft. So ist es nun einmal. Und wie ich glaube, handelt es sich dabei um ein wesentliches Merkmal bei allen Kindern. Insofern fühle ich mich bei ihnen überhaupt nicht fremd. Sie sind immer mit irgendwelchen Wünschen beschäftigt, jedes geht seiner Vorstellung nach, sie haben also keine Zeit, sich um die Wünsche der anderen zu kümmern. Aber wenn ich zugegebenermaßen etwas von den Merkmalen des alogischen und fantasmatischen Denkens von Kindern beibehalten habe, glaube ich dennoch, daß ich als Erwachsene und alte Frau, denn in dem Alter bin ich nun einmal, durchaus um die Wünsche der anderen bemüht bin. Alte Leute sehen die Kinder gerne glücklich und die jungen Erwachsenen gern voller Hoffnungen. Das macht sie jünger, nicht wahr?

November 1978. Ein Festtag bei den Doltos in der rue Saint-Jacques. Drei Geburtstage werden gefeiert. Der siebzigste Geburtstag von Françoise am 6. November. Zusammen mit seiner Mutter wird auch Grégoire (genannt Gricha) gefeiert, der am 28. des gleichen Monats Geburtstag hat. Und da die Familie es nie schafft, zum Geburtstag von Catherine am 5. August – mitten in den Sommerferien – ein gemeinsames Treffen zustande zu bringen, an dem alle anwesend sein könnten, wählt man gewöhnlich den 25. November, der nach dem französischen Kalender der Namenstag der heiligen Catherine ist, um mit drei Monaten Verschiebung den Geburtstag unserer Catherine zu feiern.

Es ist in der Familie Tradition, daß jeder, der am Fest teilnimmt, eines der vielen Gerichte des gemeinsamen Essens zubereitet. An jenem Tag war für Boris und Françoise selbstverständlich ein »Borchtch« an der Reihe, dessen kunstvolle Zubereitung Boris mir beigebracht hatte, und als Beilage dazu ein »Kohl-Pirojki«, das er dank dem Talent eines seiner alten russischen Freunde zubereiten konnte. Gricha, der »geborene Grillspezialist« (man ist es, man kann es nie werden, pflegte Boris immer zu sagen) kümmerte sich um das Grillen. Seine geheimnisvollen Salatsaucen werde ich nie vergessen! Catherine, die ewig feine Köchin, hatte die ausgezeichneten Torten gebacken. Jean, der Feinschmecker, sorgte für ausgewählte Käse- und Weinsorten sowie für Organisation und Stimmung. Aber beinahe hätte ich den unentbehrlichen Geburtstagskuchen mit seinen drei symbolischen Kerzen vergessen, die bald von drei jubelnden Mündern – Alter und Kräfte vereinigt – unter dem glücklichen Beifall aller Anwesenden ausgeblasen wurden.

Wenn ich Ihnen von diesem glücklichen Sonntag im November 1978 erzähle, so auch deshalb, weil an jenem Tag Heitor Macedo, unser Freund, der brasilianische Psychoanalytiker mit einem seiner Freunde gekommen war, mit Alécio de Andrade, Musikliebhaber, Pianist, Photograph, Dichter, der seine Faszination für die Kinder dieser Welt in den Augen trug (er war übrigens damals noch nicht Vater des wunderbaren Florenzo)… Nach dem Essen am Nachmittag, nachdem alles wieder in Ordnung gebracht und die Dinge aufgeräumt wurden, versammelten sich Familienmitglieder und Freunde in kleinen Gruppen in der Küche um den langen Eßtisch herum oder im Wohnzimmer für eine Tasse Kaffee oder noch ein »Gläschen«.

Und man sprach miteinander.

Während des Essens hatten die einen oder die anderen ins Blaue hinein geredet, bestimmte Themen leicht angetippt und durch Äußerungen zum Essen oder Wortassoziationen Bruchstücke ihrer Erinnerungen ins Gespräch geworfen. Es waren Bilder von Orten, Räumlichkeiten und Jahreszeiten. Rußland und seine Winter. Brasilien und seine dichte Vegetation. Krallen im Herzen. Revolutionserinnerungen. Streichelnde Berührungen durch die Erinnerung an erlebte Abenteuer in der Kindheit, in dieser uns gehörenden Vergangenheit, die mit einer Art Heiligenschein versehen und für die geliebten Menschen mit Zärtlichkeit erfüllt ist. Das Bild dieser geliebten Menschen bleibt unveränderlich jung in unserer Erinnerung und mit der Seele unserer Anfänge und der ursprünglichen Heimat eng verbunden. Gedächtnisverbindungen, die eine Generation an die nächste und dann wieder an die nächste schmiedet, wenn wir selbst, Erwachsene geworden, wir, die wir die Kinder unserer Eltern gewesen sind, uns zurückerinnern und mit unseren eigenen Kindern sprechen.

So kam es auch, daß Catherine, meine Tochter (wahrscheinlich wegen des Zaubers des siebzigsten Jahres) begann, mich über meine Kindheit zu befragen. Und wir haben miteinander gesprochen. Sie hatte ihrem Bruder gesagt: »Es wäre schön, meinst Du nicht Gricha, wenn wir einige Erinnerungen von unserer komischen Mutter festhalten würden.« »Ja, das finde ich auch!« hatte Grégoire ausgerufen. Er hatte ein Tonbandgerät aus meinem Arbeitszimmer geholt und es angeschaltet und so konnten wir Spuren von jenem Tag festhalten.

Und Alécio und seine wunderschönen Photos von Kindern aus der Welt, gehören sie nicht unbedingt – da beide an jenem Sonntag eine Einheit darstellten – zu den emigrierten Erinnerungen sowie zu dem improvisierten Wachrufen einer Pariser Kindheit, der Kindheit einer kleinen Françoise, die Psychoanalytikerin wurde, einer »Vava« mit runden Augen vor dem Rätsel, das die Erwachsenen den nachdenklichen Kindern darbieten, den Kindern von überall und dies immer wieder?

F. D.

CONDOR

HIRON

HATTRICK HERRENMODE

LÖW

Socialist Worker
WEEKLY PAPER OF THE INTERNATIONAL SOCIALISTS
MINERS+POWER
MEN=VICTORY

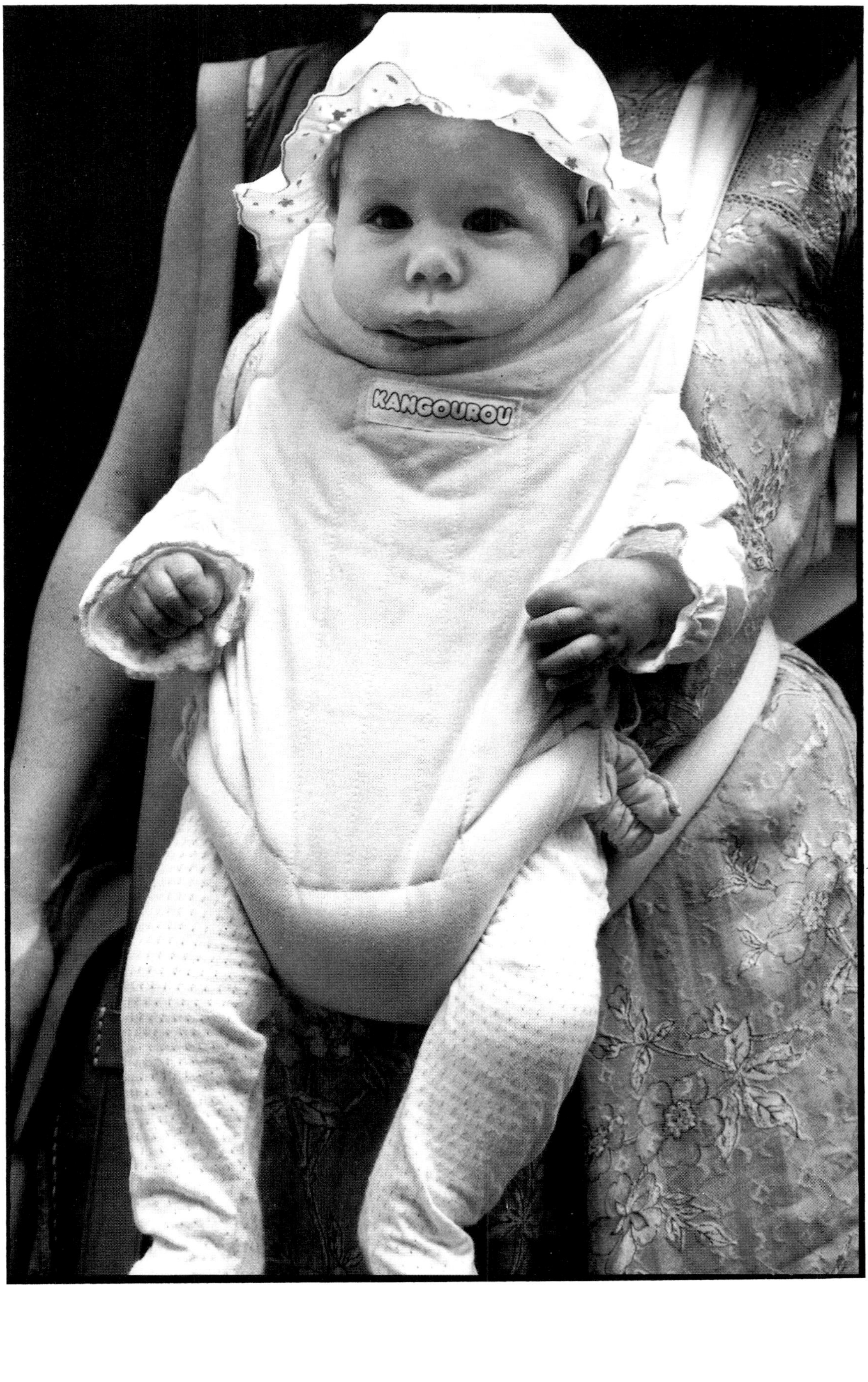
KANGOUROU

Photographien, die dem Familienalbum von Françoise Dolto entnommen wurden

Die Photographien von Alécio de Andrade

89 Rio de Janeiro, 1963.
91 Rio de Janeiro, 1964.
92 Rio de Janeiro, 1964.
93 Minas Gerais, Brasilien, 1963.
94 Rio de Janeiro, 1963.
95 Rio de Janeiro, 1963.
96 Rio de Janeiro, 1964.
97 Rio de Janeiro, 1964.
98 Rio de Janeiro, 1964.
99 Rio de Janeiro, 1963.
100 Rio de Janeiro, 1963.
101 Rio de Janeiro, 1964.
102 Rio de Janeiro, 1964.
103 Rio de Janeiro, 1963.
104 Rio de Janeiro, 1963.
105 Paris, 1965.
106 Rio de Janeiro, 1964.
107 Paris, 1972.
108 Rio de Janeiro, 1964.
109 Rio de Janeiro, 1964.
110 Rio de Janeiro, 1964.
111 Inverness, Schottland, 1980.
112 New York, 1973.
113 Rio de Janeiro, 1964.
114 Paris, 1982.
115 Rio de Janeiro, 1964.
116 Paris, 1966.
117 Paris, 1975.
118 New York, 1973.
119 Rio de Janeiro, 1964.
120 Tel-Aviv, 1972.
121 Rio de Janeiro, 1964.
122 Lausanne, 1982.
123 Mont-Oriol, 1978.
124 Paris, 1967.
125 Rio de Janeiro, 1964.
126 Paris, 1984.
127 Paris, 1984.
128 Paris, 1985.
129 Paris, 1984.
130 Paris, 1977.
131 Paris, 1984.
132 New York, 1973.
133 New York, 1973.
134 Lausanne, 1982.
135 London, 1970.
136 Paris, 1984.
137 Paris, 1984.
138 New York, 1973.
139 New York, 1973.
140 London, 1972.
141 London, 1972.
142 Paris, 1985.
143 Paris, 1985.
144 Barbacena, Brasilien, 1964.

Die Originalausgabe erschien unter dem Titel
»Enfances«
im Verlag Editions du Seuil, Paris

CIP Kurztitelaufnahme der Deutschen Bibliothek

Dolto, Françoise:
Enfances – Erinnerungen in die Kindheit /
Text von Françoise Dolto. Aus d. Franz. von
Sylvia Koch. Photogr. von Alécio de Andrade.

– Weinheim ; Berlin ; Quadriga, 1987.
Einheitssacht.: Enfances ⟨dt.⟩

ISBN 3-88679-160-2

Lektorat: Claus Koch
Umschlaggestaltung: Manfred Manke
Gesamtherstellung: Druckhaus Beltz · 6944 Hemsbach
Printed in Germany
ISBN 3-88679-160-2